.

Christina Faye Weiss

Der österreichische Hochwasserschutz

Eine Besprechung der WRG-Novelle 2011

Bachelor + Master
Publishing

Weiss, Christina Faye: Der österreichische Hochwasserschutz. Eine Besprechung der WRG-Novelle 2011, Hamburg, Diplomica Verlag GmbH 2012
Originaltitel der Abschlussarbeit: Hochwasserschutz · Trotz Novelle nichts Neues?

ISBN: 978-3-86341-256-2
Druck: Bachelor + Master Publishing, ein Imprint der Diplomica® Verlag GmbH, Hamburg, 2012
Zugl. Johannes Kepler Universität Linz, Linz, Österreich, Diplomarbeit, Mai 2012

Bibliografische Information der Deutschen Nationalbibliothek:
Die Deutsche Nationalbibliothek verzeichnet diese Publikation in der Deutschen Nationalbibliografie; detaillierte bibliografische Daten sind im Internet über http://dnb.d-nb.de abrufbar.

Die digitale Ausgabe (eBook-Ausgabe) dieses Titels trägt die ISBN 978-3-86341-756-7 und kann über den Handel oder den Verlag bezogen werden.

Inhaltsverzeichnis

Abkürzungsverzeichnis

Abs	Absatz
AEUV	Vertrag über die Arbeitsweise der Europäischen Union
Art	Artikel
bspw	beispielsweise
bzw	beziehungsweise
B-VG	Bundesverfassungsgesetz
BMLFUW	Bundesminister/Bundesministerium für Land- und Forstwirtschaft, Umwelt und Wasserwirtschaft
EB	Erläuternde Bemerkungen
EMRK	Europäische Menschenrechtskonvention
EU	Europäische Union
HWRL	Hochwasserrichtlinie
idgF	in der geltenden Fassung
iVm	in Verbindung mit
lit	litera
OGH	Oberster Gerichtshof
Vw	Verwaltung
VwGH	Verwaltungsgerichtshof
WRG	Wasserrechtsgesetz
WRRL	Wasserrahmenrichtlinie
Z	Ziffer

A. Einleitung

Wasser, unverzichtbare Grundlage menschlicher Existenz, steht für Reinheit, Klarheit und Leben. Andererseits verursacht es unermessliches Leid und Verwüstung durch Unwetter und Überschwemmungen. Wasser bedeutet Segen, Wasser bedeutet Fluch, Wasser kann Leben spenden – Wasser bringt aber auch den Tod. Vom Wasser können große Gefahren ausgehen und durch das Wasser beträchtliche Schäden entstehen. Hochwässer sind Naturkatastrophen, die gerade in den letzten Jahren nicht mehr aus Nachrichtenberichten wegzudenken sind. Quellen für Hochwässer finden sich in Österreich bereits ab dem Jahr 1012.[1] Gerade die Neuzehnfünfziger und -Sechziger Jahre waren in Österreich von Hochwässern geprägt. Nach seither mehreren Hochwasserkatastrophen in jedem Jahrzehnt sind nach der Jahrtausendwende schließlich die Hochwässer von 2002, 2005, 2009 und 2010 von Bedeutung. Abstände werden geringer und auch die Wissenschaft nimmt ein vermehrtes, zukünftig steigendes Aufkommen von Hochwässern an. Laut Forschungen wird sich das Hochwasserrisiko in Österreich besonders im Winter und Frühjahr vergrößern.[2] Aber auch im Sommer führt die Vergrößerung von sog. „Vb-Wetterlagen" zu einem vermehrten Aufkommen von Starkregen, welcher die Hochwassergefahr vergrößert.[3] Gerade über den Eintritt solcher Naturgefahren hat der Mensch grundsätzlich keine Kontrolle. Allerdings ist der Mensch befähigt, aus Vergangenem zu lernen, Methoden in der Forschung weiterzuentwickeln und durch Gesetze ein gemeinsames Vorgehen zu regeln, um so den Hochwässern und deren Gefährdungspotential vorzubeugen und im Eintrittsfall bestens gerüstet zu sein. An diesem Punkt setzt die vorliegende Arbeit an. Im öffentlichen Risikomanagement bestanden Mängel, die sich besonders anhand der Ereignisse aus dem Jahr 2002 zeigten. Damals wurde in Teilen Österreichs die höchste Hochwasserwarnstufe ausgerufen. Natürlich kann man den Eintritt von Hochwässern nicht vorhersehen. Ein großer Teil des Schadens ist aber auch auf Mängel bei der Handhabe der Katastrophenvorsorge zurückzuführen. Als Beispiel kann hier die Widmung von Flächen mit hohem Gefahrenpotential zur Verbauung genannt werden, wobei als Ursache die Koordinationsprobleme von Gebietskörperschaften angesehen werden.[4]

Um dieser Probleme Herr zu werden, wurden verschiedene Projekte ins Leben gerufen. Das

---

1 Vgl. *Konzett*, 2007, 1.
2 Vgl. *Formayer/Kromp-Kolb*, 2009, 5.
3 Vgl. Ebd., 7.
4 Vgl. *Sinabell/Url*, 2007, 537.

Projekt Floodrisk[5] stellte Lösungsansätze vor. Dennoch wird es von Teilen der Literatur zur bloßen Theorie gezählt und als gesellschaftsfern kritisiert: Die Lösungsansätze müssen "allerdings durch Ausblendung realer Gesellschaftsverhältnisse weitgehend Theorie bleiben."[6] Jedoch zeigt dieses Projekt die Schwierigkeiten auf, die beim Hochwasserrisikomanagement bestehen. Diese liegen vor allem in der weitreichenden Verknüpfung von unterschiedlichsten Fachgebieten begründet. Die Koordination der Möglichkeiten des Tätigwerdens der unterschiedlichen Fachbereiche ist die Schwierigkeit.

Das Vorliegen eines ernsthaften und wirksamen politischen Willens zur Umsetzung dieser Koordination wird in der Literatur weiters bezweifelt.[7] Derartiges soll in dieser Arbeit allerdings nicht unterstellt werden.

Auf den Erkenntnissen von Floodrisk aufbauend wurde das Projekt Floodrisk II begonnen. Dieses stellt Empfehlungen und eine gesamtheitliche, konkrete Umsetzungsstrategie zum integrierten Hochwassermanagement vor.[8] Verschiedenste Bereiche wurden in die Projektarbeit miteinbezogen, da Naturkatastrophen auch viele Materien betreffen. Dieses Projekt zeigt als besondere Schwäche im Hochwasserschutz auf, dass die zu erstellenden Gefahrenzonenpläne keinen normativen Charakter haben und legt dar, dass eine Stärkung von nicht-baulichen Maßnahmen unbedingt notwendig sei. Zudem beinhaltet die Studie Vorschläge betreffend das WRG, auf die in der Novellierung des WRG kaum bis gar nicht Rücksicht genommen wurde.

Gegenstand der Arbeit ist die rechtliche Gestaltung des Umgangs mit Hochwässern anhand des Wasserrechtsgesetzes. Dieses wurde im Jahr 2011 novelliert. 2007 wurde von der Europäischen Union eine Richtlinie erlassen, die einen einheitlichen Rahmen für den Umgang mit dieser Art von Naturgefahr vorgibt.[9] Sie legt besonderes Augenmerk auf die Erfassung von Risiken und die Auswirkungen von Hochwassergeschehen, die Bewertung dergleichen und die entsprechenden zu treffenden Maßnahmen.[10] Der Schwerpunkt der WRG-Novelle liegt auf der Umsetzung dieser Hochwasserrichtlinie in nationales Recht. Diese Arbeit widmet sich daher

5   Vgl. *Habersack/Bürgel/Petraschek*, 2004.
6   *Oberleitner* in ZfV 2011/2, 19.
7   Vgl. Ebd., 19.
8   Vgl. *Habersack/Bürgel,Kanonier*, 2009, V.
9   RICHTLINIE 2007/60/EG DES EUROPÄISCHEN PARLAMENTS UND DES RATES vom 23. Oktober 2007 über die Bewertung und das Management von Hochwasserrisiken, Amtsblatt der Europäischen Union L 288/27.
10 Anm.: In der WRG-Novelle werden noch weitere Themen behandelt, wie Sanierungsprogramme zur Erreichung des "guten ökologischen Zustandes" im Sinn des Nationalen Gewässerbewirtschaftungsplanes (§ 33d WRG) und diverse Verwaltungsvereinfachungen wie ein Absehen von einer Bewilligungspflicht für Anlagen zur Gewinnung von Erdwärme (§ 31 a Abs. 5 lit. b WRG). Weiters wird mit Bindungen an den Stand der Technik die Einhaltung eines "allgemein hohen Schutzniveaus" anstatt eines "allgemeinen Schutzniveaus" gesetzlich verankert und auch Ausnahmen vom verpflichtend einzuhaltenden Stand der Technik sind vorgesehen (§ 12a Abs. 1 und 3 WRG). Die Arbeit beschränkt sich auf Regelungen, die den Hochwasserschutz betreffen.

zuerst der Hochwasserrichtlinie, die als Grundlage für die WRG-Novelle im Bereich des Hochwasserschutzes dient. Anschließend werden die relevanten Bestimmungen der Novelle besprochen, wobei ich mich zunächst auf das nun erstellte bzw. weiterhin zu erstellende Planungssystem beschränke, für welches besonders die §§ 42a, 55 ff WRG idgF hervorzuheben sind. Dabei wird das neue Managementsystem vorgestellt, welches für Österreich einen Hochwasserschutz bieten soll. Es folgt eine Kritik der Novelle, die Details aus den novellierten Paragraphen und entsprechende Zusammenhänge erläutert und auch die Novelle in ihrer Gesamtheit bewertet. Im Zuge dessen wird besonders auf den Entstehungsvorgang der Novelle eingegangen, in dem WissenschaftlerInnen, Projektteams und Interessenvertretungen ihre Stellungnahmen zum Gesetzesentwurf abgegeben haben, die man nicht immer bedacht hat und die in unterschiedlicher Reichweite in das endgültige Gesetz aufgenommen wurden. Um den Hochwasserschutz anhand des WRG vollständig zu beleuchten, ist es notwendig, auch diejenigen Bestimmungen, die zwar das Thema Hochwasser betreffen, jedoch nicht novelliert wurden, zu erläutern. So wird anhand der Arbeit das gesamtheitliche Konzept des novellierten WRG betreffend Hochwasserschutz dargestellt und bewertet.

B. Unionsrechtliche Grundlagen für den Hochwasserschutz mit Schwerpunkt auf der Hochwasserrichtlinie 2007/60/EG

1. Die Rolle der Umwelt in der Europäischen Union

Für den Begriff „Umwelt" fehlt eine Definition in den Verträgen der Europäischen Union. Dennoch ist die Umwelt ein Regelungsgegenstand der Europäischen Union und der Umweltschutz ein mitzubeachtender Aspekt bei der Regelung anderer europäischer Belange, da sich besonders Umweltauswirkungen nicht an nationale Grenzen binden lassen. Generell ist bereits im EU-Vertrag verankert, dass die EU auf ein hohes Maß an Umweltschutz und Verbesserung der Umweltqualität hinwirkt.[11] Schon in der Präambel machen die Unterzeichnerstaaten ihren Willen zu einer Stärkung des Umweltschutzes kund. Auch in Art. 21 EU-Vertrag wird auf die Umwelt als solchen Gegenstand hingewiesen, wofür ein hohes Maß an Zusammenarbeit angedacht wird – zum Einen in der nachhaltigen Entwicklung in Bezug auf gesellschaftliche Faktoren (lit. d), zum Anderen für nachhaltige Entwicklung durch Qualitätsverbesserung und nachhaltige Bewirtschaftung der natürlichen Ressourcen (lit. f). Auch die ins Primärrecht aufgenommene Charta der Grundrechte der Europäischen Union bezieht den Umweltschutz mit ähnlichen Worten mitein: "Ein hohes Umweltschutzniveau und die Verbesserung der Umweltqualität müssen in die Politik der Union einbezogen und nach dem Grundsatz der nachhaltigen Entwicklung sichergestellt werden."[12] Im Vertrag über die Arbeitsweise der Europäischen Union (AEUV) wird der Umweltschutz als geteilte Zuständigkeit zwischen der EU und den Mitgliedsstaaten erfasst.[13] "Die Erfordernisse des Umweltschutzes müssen bei der Festlegung und Durchführung der Unionspolitiken und -maßnahmen insbesondere zur Förderung einer nachhaltigen Entwicklung einbezogen werden." [14] Ergänzend dazu verhält sich Art. 114 Abs. 3 AEUV, der noch einmal ein hohes Schutzniveau der Umwelt innerhalb des Binnenmarktes vorsieht und angibt, dass dieses Schutzniveau bei sämtlichen Harmonisierungsmaßnahmen beachtet werde. Der gesamte Titel XX des AEUV widmet sich dem Bereich der Umwelt. Als Ziele der europäischen Umweltpolitik sind der Erhalt und der Schutz der Umwelt, deren Qualitätsverbesserung, der Schutz der menschlichen Gesundheit, eine umsichtige und rationelle Verwendung der natürlichen Ressourcen und die

---

11 Vgl. Art. 3 Abs. 3 EU-Vertrag.
12 Art. 37 EU-Grundrechtecharta.
13 Vgl. Art. 4 Abs. 2 lit. e AEUV.
14 Art. 11 AEUV.

Förderung von Maßnahmen auf internationaler Ebene zur Bewältigung regionaler oder globaler Umweltprobleme und insbesondere zur Bekämpfung des Klimawandels genannt.[15]

2. Inhalt der Hochwasserrichtlinie 2007/60/EG

Gerade einige dieser Ziele, nämlich der Schutz der menschlichen Gesundheit und die Bewältigung regionaler Umweltprobleme, werden durch den Erlass der Hochwasserrichtlinie im Jahr 2007 weiter verfolgt. Diese Richtlinie hat nämlich die Festlegung eines Rahmens für Maßnahmen zur Verringerung der Risiken und hochwasserbedingter nachteiliger Folgen zum Ziel.[16] Nachteilig beeinträchtigt durch Hochwasser können die Gesundheit, die Umwelt, das Kulturerbe oder wirtschaftliche Tätigkeiten sein. Da der Hochwasserschutz aufgrund seines Umfanges und seiner Wirkung besser auf Gemeinschaftsebene geregelt werden kann als auf mitgliedsstaatlicher Ebene und die Mitgliedsstaaten die angestrebten Ziele nicht ausreichend erreichen können, beschlossen das Europäische Parlament und der Rat die Hochwasserrichtlinie in Einklang mit dem Subsidiaritätsprinzip.[17] Diese Richtlinie entspricht auch dem vorgesehenen Vorgehen unter Zugrundelegung der Prinzipien aus Art. 191 Abs. 2 AEUV, wovon ein bedeutendes das Vorsorge- und Vorbeugungsprinzip ist. Dieses besagt, dass es sinnvoller ist, präventive Maßnahmen zu setzen, um dem Eintritt von Umweltbeeinträchtigungen vorzubeugen, als hernach die Schäden zu reparieren. Da durch Hochwasser auch Mensch und Umwelt nachteilig betroffen sein können, ist dieses Prinzip hier anzuwenden. Dem wurde in der Richtlinie auch entsprochen.

Der Begriff "Hochwasser" ist in der Richtlinie definiert und stützt sich dabei auf die Begriffsbestimmungen der Wasserrahmenrichtlinie 2000 (WRRL).[18] Demnach ist ein Hochwasser eine "zeitlich beschränkte Überflutung von Land, das normalerweise nicht mit Wasser bedeckt ist. Diese umfasst Überflutungen durch Flüsse, Gebirgsbäche, zeitweise ausgesetzte Wasserströme im Mittelmeerraum sowie durch in Küstengebiete eindringendes Meerwasser; Überflutungen aus Abwassersystemen können ausgenommen werden."[19] Gleichgültig für eine Qualifikation als Hochwasser ist allerdings, ob es die Ursache in einer Naturkatastrophe hat oder nicht.[20]

---

15 Art. 191 AEUV.
16 Vgl. Erwägungsgrund 23 und Art. 1 HWRL.
17 Vgl. Erwägungsgrund 23 HWRL.
18 Vgl. Art. 2 HWRL.
19 Art. 2 Z. 1 HWRL.
20 Vgl. *Wagner E.* in *Kerschner* (Hrsg), Handbuch Naturkatastrophenrecht (2008) 25.

Die Richtlinie sieht „in erster Linie die Schaffung für geeignet befundener Infrastrukturen, die eine einheitliche Einschätzung der jeweiligen Risiken ermöglichen sollen"[21], vor. Um die entsprechenden Maßnahmen als Vorsorge für den Eintritt eines Hochwassers setzen zu können, muss das Hochwasserrisiko von den Mitgliedsstaaten bewertet werden. Diese Bewertung nach Art. 4 HWRL wird als „vorläufige Bewertung" bezeichnet, durch einen Vergleich mit der englischsprachigen und französischsprachigen Fassung wird allerdings deutlich, dass es sich um eine *vorbereitende* Bewertung handelt, die endgültig ist.[22] Unter Hochwasserrisiko wird die "Kombination der Wahrscheinlichkeit des Eintritts eines Hochwasserereignisses und der hochwasserbedingten potenziellen nachteiligen Folgen auf die menschliche Gesundheit, die Umwelt, das Kulturerbe und wirtschaftliche Tätigkeiten"[23] verstanden. Diese Definition trägt auch der Auffassung Rechnung, dass das Restrisiko von jedem selbst zu tragen ist.[24] Das Hochwasserrisiko muss eingeschätzt werden, indem Karten der Gewässergebiete angelegt werden und ehemalige Hochwässer dieser Regionen, in deren Art ein Hochwasser wahrscheinlich wieder vorkommt, samt deren Ausdehnung, Abflusswegen und nachteiligen Folgen regionsspezifisch beschrieben werden. Dabei sind relevante Informationen, die mehrere Mitgliedsstaaten betreffen, auszutauschen. Diese Bewertung des Hochwasserrisikos muss gemäß Art. 4 Abs. 4 bis zum 22. Dezember 2011 abgeschlossen sein. Daraus ergibt sich, in welchen Flussgebietseinheiten ein besonders relevantes Hochwasserrisiko besteht. Es werden gefährdete Gebiete wie folgt kategorisiert: Gebiete, in welchen eine Gefahr von Hochwasser mit niedriger Wiederkehrwahrscheinlichkeit und Extremereignissen besteht, Gebiete mit einer mittleren Wiederkehrwahrscheinlichkeit von Hochwässern (diese kehren alle 100 Jahre oder öfter wieder), oder Gebiete, in denen Hochwässer mit hoher Wiederkehrwahrscheinlichkeit (diese kehren öfter als alle 100 Jahre wieder) auftreten. An diese Kategorisierung werden jedoch in Folge keine weiteren Maßnahmen geknüpft.

Für diese Gebiete müssen die Mitgliedsstaaten in einem zweiten Schritt Hochwassergefahrenkarten, die Charakteristika der für die Region typischen Hochwässer, nämlich Wassertiefe, Fließgeschwindigkeit und Wasserabfluss, ausweisen, und Hochwasserrisikokarten, die die nachteiligen Auswirkungen dieser Hochwasser auf die Bevölkerung, die Wirtschaft, die Umwelt, und die regionsspezifischen Belange zu bezeichnen

---

21 *Reinhardt*, 2008, 469.
22 Vgl. Ebd., 470.
23 Art. 2 Z. 2 HWRL.
24 Vgl. *Reinhardt*, 2008, 470. Anm.: Diese auf Deutschland zugeschnittene Wertung ist auch für Österreich zutreffend.

haben, erstellen.[25] Diese beiden Hochwasserkarten müssen bis 22. Dezember 2013 vollständig erstellt worden sein.[26] Die unterschiedliche Bezeichnung als Hochwasser*gefahren*karten und Hochwasser*risiko*karten hat keine Bedeutung, die dem Unterschied der Begriffe „Gefahr" und „Risiko" entspricht.[27]

Als dritter Schritt sind von den Mitgliedsstaaten auf Grundlage der zuvor genannten Hochwassergefahrenkarten und Hochwasserrisikokarten "Hochwasserrisikomanagementpläne" zu erstellen.[28] Die Bestandteile dieser Pläne sind in Anhang A aufgelistet und beinhalten zusammenfassend die Ziele des Hochwasserrisikomanagements, Übersichtskarten über die Bewertung des Hochwasserrisikos, die Schlussfolgerungen aus Hochwassergefahren- und Hochwasserrisikokarten samt den Karten selbst, die Rangfolge der zu treffenden Maßnahmen und die Beziehung, in der die auf Grundlage dieser Pläne und ehemaliger Gemeinschaftsrechtsakte beschlossenen Maßnahmen zueinander stehen. Auch die Umsetzung des Hochwasserrisikomanagements in Form von Überwachung, Information der Öffentlichkeit und Zuständigkeiten muss darin geklärt sein.[29] „Der etwas sperrige Begriff des Hochwasserrisikomanagements meint dabei im Grunde nichts anderes als vorbeugender Hochwasserschutz."[30] Gemäß des Vorschlages der Kommission für diese Richtlinie umfasst das Hochwasserrisikomanagement Vermeidung, Schutz, Bereitschaft, Notfallmaßnahmen, Sanierung und Revision.[31] Die Sanierung beispielsweise ist jedoch in der endgültig erlassenen Richtlinie nicht mehr ausdrücklich erwähnt. Hochwassermanagementpläne dienen also hauptsächlich dem Schutz vor, der Vorsorge gegen und der Vermeidung von Hochwasserschäden. Dabei kommt Frühwarnsystemen und nachhaltigen Flächennutzungsmethoden besondere Bedeutung zu. Weber sieht in der HWRL eine Bevorzugung von nicht-baulichen Maßnahmen zum Hochwasserschutz vor baulichen Maßnahmen.[32] Eine rechtliche Vermutung zu Lasten baulicher Schutzmaßnahmen im einzelnen Fall lässt sich aus Art. 7 Abs. 2 HW-RL aber nicht ableiten.[33] Insgesamt widmet sich die

---

25 Vgl. Art. 6 HWRL.
26 Vgl. Art. 6 Abs. 8 HWRL.
27 Vgl. *Reinhardt*, 2008, 471.
28 Vgl. Art. 7 Abs. 1 HWRL.
29 Vgl. Anhang A HWRL.
30 *Reinhardt*, 2008, 471.
31 Erwägungsgrund 12 Vorschlag für eine RICHTLINIE DES EUROPÄISCHEN PARLAMENTS UND DES RATES über die Bewertung und Bekämpfung von Hochwasser, 13.
32 Vgl. *Weber* (o.J.), 5.
33 Vgl. *Reinhardt*, 2008, 471.

Richtlinie also dem passiven Hochwasserschutz.[34]

Bei der Erstellung der Hochwasserrisikomanagementpläne hat die erforderliche Koordination zwischen den Mitgliedsstaaten stattzufinden und Maßnahmen, die das Hochwasserrisiko im selben Flusseinzugsgebiet auf andere Mitgliedsstaaten abwälzen, dürfen nicht in die Hochwasserrisikomanagementpläne aufgenommen werden (Interesse der Solidarität).[35] Dieser dritte Schritt, die Erstellung von Hochwasserrisikomanagementplänen muss von den Mitgliedsstaaten bis 22. Dezember 2015 umgesetzt werden und eine ausreichende Koordination der Inhalte dieser Pläne hat zu erfolgen (bspw. in Form von internationalen Maßnahmenpaketen). Bei Problemen, die das Hochwasserrisikomanagement betreffen und die der Mitgliedsstaat nicht selbst zu lösen befähigt ist, kann sich der Mitgliedsstaat an die Kommission wenden. [36]

Die zu erstellenden Pläne sollen in einer gewissen Frist von den Mitgliedsstaaten überprüft und aktualisiert werden.[37] Die Aktualisierung soll unter anderem die Fortschritte bei der Verringerung der nachteiligen Folgen von Hochwässern beinhalten, etwaige Mängel aufzeigen und zusätzliche Maßnahmen einführen.[38] Kritisiert wird dabei die Ausgestaltung der Richtlinie – diese habe einen Schwerpunkt auf prozedurale Aspekte gesetzt. Durch die sich wiederholenden Überprüfungen entsteht allerdings ein Vorsorgesystem. „Die Kritik, dass die Richtlinie keine inhaltlichen sondern nur prozedurale Kriterien vorgibt, läuft somit in die Leere, da es gerade das Ziel der Richtlinie ist, einen Managementzyklus anzustoßen, der auf die Dauer zu einem regional angepassten Umgang mit der Hochwassergefährdung führt."[39] Außerdem ist die regelmäßige Kontrolle und Überarbeitung für die Bewusstseinsbildung von Relevanz: „Der vorgestellte Zeitplan zwingt die EU-Staaten, sich immer wiederkehrend mit dem Hochwasserrisikomanagement zu beschäftigen, was zur Erhaltung des Hochwasserrisikobewusstseins beiträgt."[40] Damit in Einklang steht auch die in der Richtlinie vorgesehene Beteiligung der Öffentlichkeit bei der Risikobewertung und bei der Erstellung der verschiedenen Pläne.[41] „Der Beteiligung der Bevölkerung kommt dabei zentrale Bedeutung zu, wenn im Sinne des Risikoansatzes bewusst unterschiedliche Sicherheitsstandards in Gebieten

---

34 Anm.: Näheres zum Begriff des passiven Hochwasserschutzes in Kapitel 4.
35 Vgl. Art. 7 Abs. 4 HWRL.
36 Vgl. Art. 8 HWRL.
37 Vgl. Art. 14 HWRL.
38 Vgl. Anhang B HWRL.
39 *Wagner K.*, 2008, 776.
40 *Müller*, 2010, 55.
41 Art. 14 HWRL.

mit unterschiedlich hohem Risiko umgesetzt werden sollen."[42] Die genaue Ausgestaltung der Beteiligung wird den Mitgliedsstaaten überlassen.

In der Richtlinie sind keine Mindeststandards hinsichtlich ökologischer Vorgaben enthalten. „Die Mindeststandards hätten dem Ansatz, auf eine regional differenzierte Anpassung an das bestehende und zukünftige Hochwasserrisiko hinzuwirken, keinen Abbruch getan."[43] Es wird allerdings auf eine enge Verknüpfung der Hochwasserrichtlinie mit der Wasserrahmenrichtlinie hingewiesen, wodurch für die Tätigkeiten des Hochwassermanagements Verfahren mitsamt ihren Ausnahmen hinsichtlich der Ziele des guten Zustands und des Verschlechterungsverbotes vorgesehen werden.[44] „Die Regelungen der Hochwasserrichtlinie, die mit Hochwassergefahrenkarten, Hochwasserrisikokarten und Hochwasserrisikomanagementplanen gleich drei neue prozedurale Instrumente einfuhren, erzeugen nun einen zusatzlichen Abstimmungsbedarf, insbesondere mit dem Verfahrensrecht der Wasserrahmenrichtlinie."[45] In der HWRL wird nämlich auf eine Abstimmung der Umsetzung dieser Richtlinie mit den Zielen der WRRL gefordert, zu welchen auch der "Beitrag zur Minderung der Auswirkungen von Überschwemmungen und Dürren gehört"[46]. Es ist dabei aber nicht primäres Ziel der Wasserrahmenrichtlinie, die Gefahr, die von Hochwasser ausgeht, zu vermindern. Vielmehr geht es in dieser Richtlinie um einen guten ökologischen und chemischen Zustand der Gewässer mittels Bewirtschaftungsplänen für die Einzugsgebiete von Flüssen. Der Hochwasserschutz ist in dieser Richtlinie auf den Schutz des Wasserzustandes beschränkt, da durch Überschwemmungen ein Risiko zur Verringerung des guten ökologischen und chemischen Zustandes besteht. Es geht also um die Reduzierung der Folgen von Hochwässern.[47] Bei der Hochwasserrichtlinie geht es allerdings um das präventive Management von Hochwässern und damit zusammenhängend um die Geringhaltung der Folgen. „Beide Richtlinien sind nur über eine integrierte Bewirtschaftung der Einzugsgebiete umsetzbar."[48] Eine Anknüpfung an die WRRL wird weiters auch bei den Begrifflichkeiten und bei den Behörden vorgeschlagen, wobei die Mitgliedsstaaten bei der Wahl der Behördenzuständigkeit von den nach der WRRL eingesetzten Behörden absehen können.[49] Weiters können die Mitgliedsstaaten auf bereits

---

42 *Wagner K.*, 2008, 776.
43 Ebd., 778.
44 Erwägungsgrund 19 HWRL.
45 Vgl. *Reinhardt*, 2008, 472.
46 Art. 1 lit. e WRRL.
47 Vgl. *Albrecht/Wendler*, 2009, 608.
48 *Müller*, 2010, 50.
49 Vgl. Erwägungsgrund 17, Art. 2 und Art. 3 Abs. 2 lit. a HWRL.

erstellte Hochwasserpläne zurückgreifen. Durch einen Rückgriff auf bestehende Pläne könnte allerdings die Chance ungenützt verstreichen gelassen werden, eine einheitliche und aktuelle Form der Zonierung zu erstellen.[50] Bei der Abstimmung der Umsetzung der Richtlinie mit den Zielen der WRRL sollen gemäß Art. 9 HWRL ein verbesserter Informationsaustausch zwischen den Mitgliedsstaaten und die Erzielung von Synergien und gemeinsamen Vorteilen erreicht werden. „Die Formulierung bleibt jedoch viel zu vage, um dem notwendigen Konzept einer einheitlichen gemeinschaftsrechtlichen Gewässerbewirtschaftung hinreichende Konturen zu verleihen."[51]

Zusammenfassend ist zur Hochwasserrichtlinie zu sagen: Eine Richtlinie ist ein Akt der Europäischen Union, der sich an alle Mitgliedsstaaten richtet und für diese hinsichtlich des darin vermerkten Ziels verbindlich ist. Die Mitgliedsstaaten wählen anschließend die geeignete Form, um die Richtlinie ins nationale Recht umzusetzen. Demnach beschreibt die Hochwasserrichtlinie, wie es ihrer rechtlichen Ausgestaltung entspricht, die Hochwassersituation allgemein und gibt die Zuständigkeit zur Entwicklung der entsprechenden Ziele an die Mitgliedsstaaten weiter, da die Hochwasserrisiken von Region zu Region unterschiedlich sind (genannt werden als Beispiele Sturzfluten, Hochwasser in Flüssen oder Städten und vom Meer ausgehendes Hochwasser in Küstengebieten[52]). Abgesehen von den angemessenen Zielen des Hochwassermanagements in Art. 7 Abs. 2 sind in der Richtlinie aber "keine normativen Anordnungen bezüglich einer effektiven Hochwasserinfrastruktur"[53] enthalten. Es wird durch die Richtlinie als Finalnorm und Instrument der Vereinheitlichung die nähere Konkretisierung, die Zielhierarchisierung und die rechtliche Operationalisierung der Richtlinie in weitem Umfang in die Hände der Mitgliedsstaaten gelegt.[54] Dabei stellt dies jedenfalls eine Chance für die Mitgliedsstaaten dar, mehr Risikobewusstsein in der Bevölkerung zu wecken und ein umfassendes Hochwasserschutzsystem zu installieren. Allerdings besteht durch die Ausgestaltung der Richtlinie als solche auch die Möglichkeit einer rein formalen Übernahme der Bestimmungen in das österreichische Recht, wobei die sich bietende Chance kaum genützt verstreichen gelassen wird.

---

50 Vgl. *Wagner E.* in *Kerschner* (Hrsg), Handbuch Naturkatastrophenrecht (2008) 27.
51 *Reinhardt*, 2008, 471.
52 Vgl. Erwägungsgrund 10 HWRL.
53 *Wagner E.* in *Kerschner* (Hrsg), Handbuch Naturkatastrophenrecht (2008) 28.
54 Vgl. *Habersack/Bürgel, Kanonier*, 2009, 156.

C. Der Hochwasserschutz des novellierten WRG mit Schwerpunkt auf der Umsetzung der Hochwasserrichtlinie

1. Allgemeines zur Umsetzung der Richtlinie und die österreichische Kompetenzverteilung

Insgesamt erkennt man, dass die Richtlinie den Mitgliedsstaaten und betroffenen Gebieten genug Spielraum überlässt, die Hochwasserrisiken den jeweiligen Gegebenheiten entsprechend zu verringern. Dennoch besteht eine Schwierigkeit darin, dass die EU die Regelungen an den Mitgliedsstaat als Gesamtes richtet und darüberhinaus "länderblind" ist.[55] Das bedeutet, dass es aus Sicht der EU irrelevant ist, wer die Regeln im Staat durchsetzt oder in welcher Art von Norm sie postuliert werden – eingehalten (bzw. bei einer Richtlinie: umgesetzt) müssen sie werden. Die Umsetzung allein in bestehenden Systemen zur Hochwasserrisikoverringerung zu sehen reicht allerdings nicht aus, eine normative Grundlage ist notwendig. Es gilt das Prinzip der effizienten Umsetzung. Die vollständige Anwendung der neuen Regelungen muss durch die Umsetzung der Richtlinie tatsächlich gewährleistet sein.[56] In Österreich sind Bundesrecht und Landesrecht gleichrangig. In der gerade im Bereich des Umweltrechts (und dabei den Katastrophenschutz betreffenden) komplexen bundesstaatlichen Kompetenzverteilung stößt man in Österreich auf Schwierigkeiten, was nicht selten zu Koordinationsproblemen führt. "Die Umsetzung der HWRL stellt sohin eine große interdisziplinäre Herausforderung dar."[57]

Die Zuständigkeiten der österreichischen Gebietskörperschaften sind in der Kompetenzverteilung in den Art. 10 – 15 B-VG geregelt, wobei Art. 13 und 14 B-VG Sonderbestimmungen sind. Alles, was nicht von den Art. 10 – 14 B-VG als Bundesangelegenheit miterfasst ist, fällt in die Zuständigkeit der Länder. Diese sind im Rahmen der Generalkompetenz des Art. 15 Abs. 1 B-VG in Gesetzgebung und Vollziehung zuständig. Dies ist notwendig, da in Österreich das Prinzip der Vollständigkeit und Abgeschlossenheit der Kompetenzordnung gültig ist. Jeder Sachverhalt fällt in eine der Zuständigkeiten. Dabei ist zu beachten, dass ein Kompetenztatbestand dem Bund *oder* dem Land zugewiesen wird (Grundsatz der strikten Kompetenztrennung). Es gibt grundsätzlich keine konkurrierenden Kompetenzen betreffend eine Materie. Die Kompetenztatbestände des Art. 10 B-VG sind dem Bund in Gesetzgebung und Vollziehung zugewiesen. Gemäß Art. 10 Abs. 1 Z. 10 B-VG ist der Bund in Gesetzgebung und Vollziehung zuständig für das Wasserrecht, die Regulierung und

---

55 Vgl. *Weber* (o.J.), 1.
56 Vgl. *Schweitzer/Hummer/Obwexer*, Europarecht (2007) 267f.
57 Vgl. *Weber* (o.J.), 6.

Instandhaltung der Gewässer zum Zweck der unschädlichen Ableitung der Hochfluten und zur Wildbachverbauung. Von der Wasserrechtskompetenz ist die chemische Verbindung H_2O in jedem Aggregatzustand umfasst – ausgenommen ist der atmosphärische Wasserdampf – in jedem Vermischungsverhältnis, Verunreinigungsgrad und an jedem Ort ihres Vorkommens, solange sie sich in ihrem natürlichen Kreislauf befindet.[58] Die Zuständigkeit in Bezug auf Hochwasser ergibt sich, wenn man die Versteinerungstheorie anwendet. Als Inhalt des Kompetenztatbestandes wird jener angenommen, der im Zeitpunkt der Festlegung dieses Kompetenztatbestandes davon umfasst war. Dabei wird das Jahr 1925 als maßgeblicher Zeitpunkt der Auslegung herangezogen, da Art. 10 Abs. 1 Z. 10 in diesem Jahr wirksam wurde. Diesem Versteinerungsmaterial zufolge bezieht sich die Bundeskompetenz zum Hochwasserschutz rein auf präventive Maßnahmen.[59] Manche Materien sind nicht als selbstständiger Kompetenztatbestand in der Bundesverfassung aufgenommen, sondern erstrecken sich über mehrere selbstständige Materien (Querschnittsmaterien). Beim Katastrophenschutz ist es relevant, zu beurteilen, ob Bundeskompetenzen vorliegen, und wenn ja, ob diese durch Landeskompetenzen des Art. 15 Abs. 1 ergänzt werden. Das Thema Hochwasser berührt nämlich nicht nur Bundesrecht. In Fragen des Katastrophenschutzes, speziell des Hochwasserschutzes, sind viele Materien betroffen, die von unterschiedlichen Gebietskörperschaften geregelt werden: Wasserrechtsgesetz, Forstgesetz, Wildbachverbauungsgesetz, die Raum- und Bauordnungen der Länder, das Katastrophenfondsgesetz uvm. Das ist deshalb möglich, weil ein Lebenssachverhalt, hier das Hochwassergeschehen, von verschiedenen Gesichtspunkten her betrachtet werden kann. Je nach Gesichtspunkt fällt dieser Lebenssachverhalt in die Zuständigkeit der einen und der anderen Gebietskörperschaft (Gesichtspunktetheorie). Vor allem im Bereich der Raumordnung spielen Hochwässer eine große Rolle. Die Raumordnungskompetenz kommt gemäß Art. 15 Abs. 1 B-VG den Ländern zu, sofern nicht bestimmte Raumplanungen dem Bund vorbehalten sind. Landessache ist außerdem das Baurecht; das Land soll durch seine Gesetze und Ausführung der Gesetze die Bauwerke vor negativem Einwirken der Naturgewalten schützen bzw. der Möglichkeit eines negativen Einwirkens vorbeugen. Gerade hier ergibt sich auch in der Judikatur breit gefächertes Anschauungsmaterial durch den Eintritt von Naturgefahren wie Hochwässern. Die Bekämpfung von bereits eingetretenen Katastrophen fällt in die Kompetenz

---

58 Vgl. *Kerschner/Wagner/Weiß*, 2004, 124.
59 Vgl. *Bußjäger*, Katastrophenprävention und Katastrophenbekämpfung im Bundesstaat (2003) 31.

der Länder.[60] So liegt die Zuständigkeit für Hilfs- und Rettungsmaßnahmen im Rahmen der Katastrophenhilfe aufgrund der Generalklausel des Art. 15 Abs. 1 B-VG bei den Ländern.[61] "Die Abgrenzung der Katastrophenmanagementkompetenz der Länder von der Hochwasser-Katastrophenmanagementkompetenz des Wasserrechtsgesetzgebers [, also des Bundes, ist] schwierig und dürfte in einzelnen Fällen zu Kompetenzkonkurrenzen und Kompetenzüberschneidungen führen."[62] Die Hochwasserrichtlinie bespricht Vorkehrungen gegen den Eintritt und für die Schadensminimierung von Hochwässern. Damit erfasst sie vor allem Bundeskompetenzen.[63] Das Bundesministerium für Land- und Forstwirtschaft, Umwelt und Wasserwirtschaft, Sektion Wasser war mit der fachlichen Umsetzung der Hochwasserrichtlinie betraut.[64]

Die vorgegebenen Fristen der Richtlinie sind in der WRG-Novelle nicht genau eingehalten worden. Die Novelle zum Wasserrechtsgesetz selbst wurde erst 2011 erlassen, obwohl die Richtlinie die Umsetzung bis 26.11.2009 vorgeschrieben hat.[65] Diese knappen zwei Jahre Verspätung sollen nicht sofort bemängelt werden, sofern die Umsetzung tatsächlich erfolgreiche Fortschritte im Hochwasserschutz im österreichischen Wasserrechtsgesetz gebracht hat. Während die alte Rechtslage mit der Novelle 2003 die weitschichtige Unsicherheit in der Bevölkerung bzgl. Hochwasserschutz nur minimal berührte und keinesfalls verringerte, sollte durch die Novelle 2011 mehr Rechtssicherheit durch die Konkretisierung und den vermehrten Einbau der Hochwasserthematik ins Gesetz geboten werden. Ein erster Schritt zu dieser Rechtssicherheit konnte vor allem durch eine Konkretisierung des Begriffs Hochwasser gemacht werden. Das WRG vor der Novelle 2011 stellte – wobei auch dieses Thema strittig diskutiert wurde aber vom OGH so entschieden wurde – lediglich auf Hochwässer mit einer Wiederkehrwahrscheinlichkeit von maximal 30 Jahren ab (Näheres dazu unten in Kapitel D.2.). Hier ist klar erkennbar, dass dieses Gesetz nicht optimal die aktuellen Gegebenheiten erfassen kann. Hochwässer, kategorisiert man sie auch als 100- oder 1.000-jährliche Hochwässer, treten in den letzten Jahren vermehrt auf. Es bedurfte also einer neuen Betrachtung durch die vermehrt aufkommende Gewichtigkeit dieser Gefahr.[66] Dabei hat die Novelle auf den ersten Blick einen

60 Vgl. Weiß in Kerschner (Hrsg), Handbuch Naturkatastrophenrecht (2008) 105.
61 Vgl. Ebd., 107. Anm.: Da Maßnahmen teilweise auch in die örtliche Kompetenz der Gemeinden eingebunden sind, entstehen bisweilen schwierige Koordinationsprobleme. (Weber, zit. nach Weiß, 110.)
62 Weber (o.J.), 3.
63 Vgl. Ebd., 1.
64 Vgl. Fachverband Maschinen und Metallwaren Industrie (o.J.)
65 Vgl. Art. 14 HWRL.
66 Anm.: Dadurch soll keine Zustimmung zur Judikaturlinie des WRG vor der Novelle ausgedrückt werden, wonach Hochwässer von solcher Wiederkehrwahrscheinlichkeit nicht vom WRG umfasst wären. Lediglich wird die OGH-

Fortschritt gezeigt. Im WRG sind nunmehr auch Hochwässer, die mit einer selteneren Wiederkehrwahrscheinlichkeit auftreten, erwähnt.

Das WRG erfasst die Hochwasserproblematik durch seine Regelungen zur Schutzwasserwirtschaft, der es sich neben der Nutzwasserwirtschaft und der Gewässergütewirtschaft widmet.[67] Durch die Hochwasserrichtlinie sind vor allem der vierte Abschnitt („Von der Abwehr und Pflege der Gewässer") und der sechste Abschnitt („Einzugsgebietsbezogene Planung und Durchführung von Maßnahmen zur nachhaltigen Bewirtschaftung zum Schutz und zur Reinhaltung sowie zur Abwehr und zur Pflege der Gewässer") betroffen. Dem Vorschlag von Weber, einen eigenen Abschnitt im WRG unter dem Titel "Hochwasserschutz" einzuführen, um eine Übersichtlichkeit zu schaffen, ohne gleichzeitig ein neues Gesetz zu schaffen,[68] wurde nicht nachgekommen. Fraglich ist, ob ein getrenntes Hochwassergesetz diese Probleme beseitigt hätte. In Anbetracht der Ausgestaltung der Hochwasserrichtlinie als EU-Richtlinie hätte die Umsetzung nämlich auch in einem eigenen Gesetz erfolgen können. Die Erlassung eines spezifischen Hochwassergesetzes scheint aber nicht wünschenswert gewesen zu sein. "Ein Herausziehen hochwasserschutzrechtlicher Aspekte aus den bestehenden Materiengesetzen würde lediglich ein die Rechtssicherheit gefährdendes ewiges Abgrenzungsproblem schaffen. Dies wird auch durch die Systematik der HWRL bestätigt, die in vielen Bereichen an die WRRL anknüpft und versucht, durch die Koordination mit dem allgemeinen wasserwirtschaftlichen Planungsinstrument der WRRL Synergien zu erzeugen und Planungsharmonien herzustellen."[69]

Das WRG entspricht den Vorgaben der Richtlinie für einen Hochwasserschutz durch das Vorsehen von vier Schritten: Zuerst findet eine vorläufige Bewertung des Hochwasserrisikos für das gesamte Bundesgebiet statt[70], aufgrund der Bewertung werden zweitens Gebiete, in denen ein potenzielles signifikantes Hochwasserrisiko besteht, ausgewiesen, drittens werden für diese Gebiete Hochwassergefahrenkarten und Hochwasserrisikokarten entworfen und als letzter Schritt werden auf Grundlage dieser beiden Karten Hochwassermanagementpläne erstellt. Infolge werden diese Schritte im Einzelnen erläutert, um einen Einblick in das Planungssystem zu bekommen. Auf markante Details dieser Bestimmungen wird in Kapitel D. bei der Kritik zur Novelle eingegangen.

Judikatur aufgezeigt und anerkannt.
67 Vgl. *Baumgartner*, 2010, 238.
68 Vgl. *Weber* (o.J.), 4.
69 Ebd, 2.
70 Anm.: Dieser Schritt wird von Autoren, die ein dreistufiges System beschreiben, als Vorstufe erfasst.

2. Vorläufige Bewertung des Hochwasserrisikos

Schon mit Umsetzung der Wasserrahmenrichtlinie werden gesamthafte einzugsgebiets- bzw. planungsraumbezogene Instrumente vorgesehen.[71] Die Novelle bezieht die Planung des Hochwasserrisikomanagements in den flusseinzugsgebietsbezogenen Planungsprozess, der mit der Novelle 2003 in das Wasserrechtsgesetz aufgenommen wurde, mitein.[72] Die vorläufige Bewertung des Hochwasserrisikos ist auf der Grundlage verfügbarer oder leicht abzuleitender Informationen, wie etwa Aufzeichnungen und Studien zu langfristigen Entwicklungen zu erstellen (§ 55i Abs. 2 WRG). Dabei wurde in Österreich auf die HORA-Studie (Hochwasserrisikozonierung Austria) zurückgegriffen.[73] Neben Gefahrenindikatoren, die aus HORA oder aus Abflussuntersuchungen entstehen, hat sich die Bewertung auch an Risikoindikatoren, also Daten über die Bevölkerungsdichte, Infrastruktureinrichtungen, Schutzgebiete u.ä. zu orientieren.[74]

Die vorläufige Bewertung des Hochwasserrisikos beinhaltet auch eine Beschreibung von vergangenen Hochwässern, die signifikante nachteilige Auswirkungen nach sich zogen. Zu nennen ist hier beispielsweise das Jahr 2009, als Österreich von der mitteleuropäische Hochwasserkatastrophe im Juni betroffen war. Diese kostete mehrere Menschenleben und verursachte durch ihre Intensität enorme finanzielle Schäden.

Wenn man davon spricht, dass die Bewertung des Hochwasserrisikos für das gesamte Bundesgebiet durchgeführt wird[75], sind damit die drei Flussgebietseinheiten Donau, Elbe und Rhein umfasst.[76] Von den EU-weiten 110 Flussgebietseinheiten liegen nur diese drei (auch) in Österreich. Unter "Flusseinzugsgebiet" versteht man den "Fluss von der Quelle bis zur Mündung in das Meer. Dazu gehören auch alle seine Seitenbäche und die Grundwässer, die in diesem Gebiet vorkommen."[77] Da diese Flussgebietseinheiten also nicht an Landesgrenzen gebunden sind, war es notwendig, sich auf EU-Ebene mit der Hochwasserthematik zu befassen. Diese drei Flusseinzugsgebiete lassen sich weiters in acht Planungsräume aufteilen (siehe Anhang F WRG).

§ 55 i beschreibt das Verfahren zur vorläufigen Bewertung des Hochwasserrisikos. Dabei

---

71 Vgl. *Hofko/Kahl* in *Rath-Kathrein/Weber*, Besonderes Verwaltungsrecht[7] (2011), 143. Anm.: Vor der Novelle 2003 waren Einzelplanungen vorgesehen.
72 Vgl. *Vogl, 2011*, 125.
73 Anm.: Im Internet abrufbar unter: http://www.hochwasserrisiko.at/.
74 Vgl. *Vogl*, 2011, 125.
75 Vgl. Erläuterungen zum Gesetzesentwurf, 4.
76 Vgl. *Oberleitner/Berger*, WRG[3] (2011) § 55i Rz 1.
77 Lebensministerium, Flusseinzugsgebiet und Flussgebietseinheit, 2011.

erstellt der BMLFUW einen Entwurf aufgrund bereits vorhandener Daten, den die Landeshauptmänner nachprüfen und ergänzen. Schließlich wird ein einheitlicher österreichischer Bericht dieser Daten an die europäische Kommission übermittelt (§ 55 i Abs. 3 WRG). Dieses Verfahren geschieht in Anlehnung an das bereits in § 55 h vorgesehene. Der BMLFUW kann also die konkrete Ausgestaltung dieser Berichte durch Verordnung festlegen (§ 55 h Abs. 1 WRG). Diese Bewertung war bis zum 22.12.2011 fertigzustellen und der Öffentlichkeit zugänglich zu machen. „Ergebnis der vorläufigen Bewertung ist die Einteilung und grobmaßstäbliche kartografische Darstellung der Gewässer nach Risikoklassen und bildet damit die Grundlage für die im selben Zeitraum vorzunehmende Bestimmung der Gebiete mit potenziellem signifikantem Hochwasserrisiko."[78] Es werden auch solche Flächen hinsichtlich des Hochwasserrisikos bewertet, die zukünftig aufgrund einer konkreten Widmung bebaut werden sollen aber zum jetzigen Zeitpunkt noch nicht bebaut sind, und bei welchen signifikante Hochwasserschäden eintreten könnten. Dementsprechend wurden fünf Risikoklassen ausgewiesen.[79] Eine diesbezügliche Veranstaltung erfolgte am Donnerstag, den 1. Dezember 2011 in Wien.[80]

3. Ermittlung von Gebieten mit potenziell signifikantem Hochwasserrisiko

Auf Grundlage der Ergebnisse der vorläufigen Bewertung des Hochwasserrisikos werden jene Gebiete durch den Landeshauptmann ausgewählt, für die ein potenziell signifikantes Hochwasserrisiko besteht oder für wahrscheinlich gehalten wird.[81] Kriterien für die Ausweisung als Gebiete mit potentiell signifikantem Hochwasserrisiko sind, dass im entsprechenden Gebiet aktuell Nutzungen für Siedlungs- und Wirtschaftszwecke und sonstige höherwertige Nutzungen, infrastrukturelle Einrichtungen von überregionaler, nationaler oder internationaler Bedeutung, Anlagen gemäß der IVU-Richtlinie oder andere bedeutende Verschmutzungsquellen, bestimmte ausgewiesene Schutzgebiete des § 59b WRG oder Kulturerbegüter von nationaler oder internationaler Bedeutung bestehen oder zukünftig entstehen werden.[82] Kumulativ dazu müssen in den betreffenden Gebieten signifikante nachteilige Auswirkungen auf die menschliche Gesundheit, die Umwelt, das Kulturerbe und wirtschaftliche Tätigkeiten aufgrund der Häufigkeit oder der Intensität der Gefährdung durch Hochwasser *und* der besonderen

---

78 Erläuterungen zum Gesetzesentwurf, 4.
79 Vgl. *Oberleitner/Berger*, WRG³ (2011) § 55i Rz 1.
80 Vgl. Einladung des Lebensministeriums, 2011.
81 Vgl. *Oberleitner/Berger*, WRG³ (2011) § 55j Rz 2.
82 Vgl. § 55j Abs. 2 Z. 1 WRG.

Siedlungs- oder Nutzungsdichte oder der besonderen Bedeutung der Nutzung zu erwarten sein.[83]

4. Hochwasserrisikokarten und Hochwassergefahrenkarten

Hochwassergefahrenkarten beschreiben die Gebiete mit potentiell signifikantem Hochwasserrisiko nach einer abgestuften Eintrittswahrscheinlichkeit von Hochwässern. Die Hochwässer werden wie folgt kategorisiert: "Hochwässer niedriger Wahrscheinlichkeit" sind solche, die mit einem 300-jährlichen Wiederkehrintervall auftreten, wobei "Szenarien für Extremereignisse" dem Gesetzeswortlaut nach in den Hochwasserrisikokarten diesen gleichzuhalten sind. Zumindest alle 100 Jahre wiederkehrende Hochwasser sind "Hochwässer mittlerer Wahrscheinlichkeit" und ein voraussichtliches Wiederkehrintervall von 30 Jahren beschreibt "Hochwässer hoher Wahrscheinlichkeit".[84] Die Hochwässer im Kamptal aus 2002 und in Steyr aus 2002 waren Hochwässer über einer Wiederkehrswahrscheinlichkeit von den bisher gesetzlich statuierten 30 Jahren (dazu unten Kapitel D.). Ein Hochwasser, wie es in Kamp vorkam, tritt nur alle 2.000 Jahre auf, das von Steyr alle 100 Jahre. So wäre dieses Hochwasser von Kamp ein Ereignis von niedriger Wahrscheinlichkeit iSd Hochwasserrichtlinie und das Hochwasser von Steyr ein Ereignis von mittlerer Wahrscheinlichkeit.

In den Hochwassergefahrenkarten werden Anschlagslinien für die genannten Wahrscheinlichkeiten dargestellt und sie enthalten Angaben über das Ausmaß der Überflutung, die Wassertiefe, den Wasserstand, die Fließgeschwindigkeit oder den Wasserabfluss.[85] Hochwassergefahrenkarten werden nicht nur für Gebiete mit potentiell signifikantem Hochwasserrisiko erstellt, sondern auch für an diese angrenzenden Gebiete, „wenn dies aus schutzwasserwirtschaftlichen Gründen im Hinblick auf die Bewertung von Retentions- und Abflussräumen hinsichtlich ihrer Wirksamkeit für nicht-bauliche Maßnahmen sinnvoll erscheint."[86] Dadurch soll durch eine gesamtheitliche Betrachtung des Gewässers auch eine sinnvolle Planung zum Hochwasserrückhalt entstehen können.[87]

Hochwasserrisikokarten führen die nachteiligen Auswirkungen der verschiedenen Hochwasserszenarien an. Dadurch wird auch ersichtlich gemacht, ob auf das jeweilige Szenario

---

83 Vgl. § 55j Abs. 2 Z. 2 WRG.
84 Vgl. § 55k Abs. 2 WRG.
85 § 55k Abs. 3 WRG.
86 *Oberleitner/Berger*, WRG³ (2011) § 55k Rz 2.
87 Vgl. Ebd.

bezogen bereits Schutz gegeben ist.[88] Die Auswirkungen beziehen sich auf die Anzahl der potenziell betroffenen Einwohner, die Art der wirtschaftlichen Tätigkeit in diesem Gebiet, auf die Anlagen gemäß der IVU-Richtlinie oder andere bedeutende Verschmutzungsquellen, bestimmte ausgewiesene Schutzgebiete des § 59b WRG und auch auf Auswirkungen betreffend solche Gebiete, in denen Hochwasser mit hohem Feststoffgehalt oder murartige Hochwasserereignisse auftreten können.[89]

Als reine Dokumentationsinstrumente haben die Hochwassergefahren- und Hochwasserrisikokarten jedoch keine normative Qualität.[90] Hochwassergefahrenkarten und Hochwasserrisikokarten sollen nicht bloß die Grundlage für nachfolgend zu erstellende Programme bieten, sondern dienen auch der Information der Bürger in Bezug auf eine mögliche Hochwassergefährdung.[91]

5. Hochwasserrisikomanagementpläne

Hochwasserrisikomanagementpläne sind Empfehlungen für weitere Planungen, die die Länder ausführen.[92] Solche Hochwasserrisikomanagementpläne sind gemäß § 55l WRG vom BMLFUW durch Verordnung zu erstellen. Es besteht eine Pflicht, Hochwasserrisikomanagementpläne zu erstellen. Diese Pläne beinhalten durchzuführende Maßnahmen und stellen das zentrale operative Element zur Abwehr und Pflege der Gewässer dar.[93] Sie beinhalten die angemessenen Ziele und sollen Maßnahmen festlegen, um diese Ziele zu erreichen.[94]

Das Risikomanagement beschreibt einen rationalen Umgang mit Gefahren. Die Eintrittswahrscheinlichkeit von Hochwässern und die daraus entstehenden Schäden werden miteinander verknüpft. Dadurch entsteht die Grundlage, auf der die Maßnahmen für die Vorsorgen, Abwehr und Nachsorge solcher Ereignisse entschieden werden.[95] Die Entscheidung basiert also auf dynamischen Grundlagen. Zum Einen hängt die Erforderlichkeit des Einsatzes von Maßnahmen von der Wahrscheinlichkeit des Hochwassereintritts ab, zum Anderen vom daraus resultierenden Schaden. Je schwerer eines der beiden Kriterien ins Gewicht fällt, desto

---

88 Vgl. Ebd., § 55k Rz 3.
89 Vgl. § 55k Abs. 4 WRG.
90 Vgl. *Reinhardt*, 2008, 471.
91 Erläuterungen zum Gesetzesentwurf, zit. nach *Oberleitner/Berger*, WRG³ (2011) § 55k Rz 1.
92 Vgl. *Vogl*, 2011, 127.
93 Vgl. Bericht des Umweltausschusses, 2011.
94 Vgl. *Wagner E.*, 2011, 104.
95 Vgl. *Oberleitner* in ZfV 2011/2.

eher ist ein Risiko gegeben, das einen besonders ausgeklügelten Maßnahmenplan erfordert.[96] Als „angemessene Ziele" werden folgende bezeichnet: Die Verringerung potenzieller hochwasserbedingter nachteiliger Folgen für die menschliche Gesundheit, die Umwelt, das Kulturerbe und wirtschaftliche Tätigkeiten, eine, sofern angebracht, auf nichtbaulichen Maßnahmen basierende Hochwasservorsorge insbesondere durch die Sicherung von Hochwasserabflussgebieten und für den Hochwasserrückhalt geeigneten Gebieten und auf einer Verminderung der Hochwasserwahrscheinlichkeit.[97] *Oberleitner/Berger* nennen als weiteres Ziel der Hochwasserrisikomanagementpläne entsprechend den EB zum Gesetzesentwurf die Stärkung des Risiko- und Gefahrenbewusstseins.[98]

Nach den EB zum Gesetzesentwurf sind Maßnahmen zu treffen, die die Raumordnung, das Baurecht und den Katastrophenschutz und Themen der Wasserwirtschaft abdecken. Die Maßnahmen werden konkret von den unterschiedlichsten Gebietskörperschaften umgesetzt, je nach geplanter Zuordnung. Daraus erfolgt auch, dass alle beteiligten Bereiche entsprechend miteinzubeziehen sind. So ist auch die Koordination ein Aspekt im Rahmen des „Managements". Es erfolgt eine Bewertung der Fortschritte und ein weiterer Handlungsbedarf wird für die betreffenden Regionen ermittelt. Dann werden die Maßnahmen in eine Rangordnung gebracht.[99]

Diese besprochenen Punkte (vorläufige Bewertung des Hochwasserrisikos für das gesamte Bundesgebiet, Ausweisung der Gebiete mit potenziellem signifikantem Hochwasserrisiko, Hochwassergefahrenkarten, Hochwasserrisikokarten und Hochwassermanagementpläne) werden „als Vorsorgemaßnahme in Gebieten mit potenziellem signifikantem Hochwasserrisiko verankert."[100] Zusätzlich sind Maßnahmen wie Gefahrenzonenplanungen und wasserwirtschaftliche Regionalprogramme vorgesehen.

6. Gefahrenzonenplanungen

Für alle Gebiete mit potenziellem signifikantem Hochwasserrisiko sollen gemäß § 42a WRG Gefahrenzonenpläne erstellt werden. Bund und Länder sind für die Gefahrenzonenplanungen zuständig.[101] Dieser Paragraph wurde mit Umsetzung der Hochwasserrichtlinie gänzlich neu

---

96 Vgl. Ebd.
97 Vgl. § 55l Abs. 2 WRG.
98 Vgl. *Oberleitner/Berger*, WRG³ (2011) § 55l Rz 1.
99 Erläuterungen zum Gesetzesentwurf, 18.
100 Ebd., 5.
101 Vgl. § 42a Abs. 3 WRG.

eingefügt. Nach den EB sind Gefahrenzonenplanungen „Fachgutachten, welche nach der voraussichtlichen Schadwirkung und Gefährdung sowie nach der Funktionalität zur Verhinderung eines Zuwachses des Schadenspotenzials, zur Reduktion der Hochwassergefahren, oder für Zwecke späterer schutzwasserwirtschaftlicher Maßnahmen bewertete Hochwasserabflussgebiete darstellen."[102] Sie stellen anhand eines feineren Kartenmaßstabes die Gefahrenlage detaillierter dar und werden inhaltlich in die aktualisierten Hochwassergefahrenkarten miteinbezogen.[103] Die Gefahrenzonenpläne sind allerdings unverbindlich.[104]

Für Hochwässer mittlerer Wahrscheinlichkeit sind Gebiete auszuweisen, bei denen eine Erforderlichkeit zur Freihaltung aufgrund der voraussichtlichen Schadenswirkung oder Gefährdung, zur Verhinderung eines Zuwachses des Schadenspotenzials, zur Reduktion der Hochwassergefahren oder für Zwecke späterer schutzwasserwirtschaftlicher Maßnahmen besteht oder Gebiete, in denen bestehende Risiken gemindert werden müssen.[105] Laut EB soll „die Anknüpfung an die Hochwasserrisikomanagementpläne [...] zum Ausdruck bringen, dass in Gebieten mit potenziellem signifikantem Hochwasserrisiko Maßnahmen zur Verringerung der hochwasserbedingten nachteiligen Folgen in der Regel den größten Nutzen bringen."[106] Zu Kritik dazu siehe Kapitel D.

7. Wasserwirtschaftliche Regionalprogramme

Auf Grundlage dieser Gefahrenzonenpläne können vom Landeshauptmann wasserwirtschaftliche Regionalprogramme (§ 55g Abs. 1 WRG) für Überflutungs-, Einzugs- und Quellgebiete erstellt werden. Diese sind zu erstellen, wenn es zur Verringerung hochwasserbedingter nachteiliger Folgen für die menschliche Gesundheit, die Umwelt, das Kulturerbe und wirtschaftliche Tätigkeiten erforderlich ist.[107]

Bspw. können diese Regionalprogramme Flächenwidmungen umfassen, die für die Schaffung von Retentionsflächen notwendig sind. Bescheide müssen sich in Folge an diesen Vorgaben orientieren.[108]

---

102 Erläuterungen zum Gesetzesentwurf, 10.
103 Vgl. Ebd., 17.
104 Vgl. Fachverband Maschinen und Metallwaren Industrie (o.J.)
105 Vgl. § 42a Abs. 3 WRG.
106 Erläuterungen zum Gesetzesentwurf, 9f.
107 § 55g Abs. 1 WRG.
108 Vgl. *Hofko/Kahl* in *Rath-Kathrein/Weber*, Besonderes Verwaltungsrecht⁷ (2011), 144.

D. Kritik an der WRG-Novelle 2011

Viele Anregungen für einen verbesserten Hochwasserschutz und vor allem für eine verbesserte Hochwasservorsorge durch das WRG finden in der geltenden Fassung nicht oder nicht ausreichend ihre Verwirklichung.

1. Passiver Hochwasserschutz und die Freihaltung von Retentionsflächen

Zu hinterfragen ist, ob durch die Novelle Fortschritte im passiven Hochwasserschutz gemacht wurden, der bisher unzureichend im WRG verankert war. Da dem passiven Hochwasserschutz in der Hochwasserrichtlinie ein hoher Stellenwert zukommt, weil sie v.a. die Ausweisung von Gefahrenbereichen und geeigneten Hochwasserabfluss- und Hochwasserrückstauräumen vorsieht, ist die Umsetzung eines solchen besonders gefordert. Unter passivem Hochwasserschutz versteht man ein Ausweichen vor möglichen Gefahreneintritten, was besonders durch dem Katastropheneintritt vorhergehende Planung erbracht wird, infolge welcher man siedlungsfreie Flächen als solche belässt und gleichzeitig die räumliche Ausbreitung von Siedlungen steuert oder auch aufforstet. Besonders der Wald schützt zweifach vor Hochwasserschäden, nämlich durch eine Reduktion des Niederschlags durch die Aufnahme über die Blätter (Interzeption), wodurch mehr Wasser in den Boden einsickert, und durch einen Erosionsschutz, wodurch das Rückhaltevermögen des Einzugsgebietes erhöht wird.[109] Gerade durch die Schutzwirkung von Retentionsräumen ist „der passive Hochwasserschutz ökologisch und volkswirtschaftlich gesehen der wirksamste und sinnvollste Schutz, da er bestehende Retentionsräume bewahrt und neue schafft."[110] Betreffend diesen passiven Hochwasserschutz haben sich im WRG Neuerungen ergeben.

a) Keine Möglichkeit zur Schaffung von ungebundenem Retentionsraum

Der Rechnungshof hat angeregt, „überregionale Raumordnungspläne zur verpflichtenden Freihaltung von festzulegenden Rückhalt– und Überströmungsflächen (Hochwasserabflussgebieten) zu verordnen."[111] Diesem Punkt sollte in der Umsetzung der Hochwasserrichtlinie gefolgt werden. Durch die Hochwasserrichtlinie soll eine nicht vertretbare Flächennutzung verhindert werden, was beispielsweise durch die Schaffung von

---

109 Vgl. *Formayer/Kromp-Kolb*, 2009, 9.
110 *Konzett*, 2007, 19.
111 Bericht des Rechnungshofes, 2011, 178.

Retentionsflächen anstatt des Siedlungsbaues verwirklicht werden kann.[112] Eine verpflichtende, also normative Regelung wurde demnach ins Auge gefasst. Eine solche Regelung würde auch die Zwangsrechte des WRG betreffen. Allein dem Vorsorgegedanken Rechnung tragend wäre eine mögliche Lösung, Retentionsraum zu schaffen, der nicht mit Wasserbauvorhaben in Zusammenhang steht. Bei den Zwangsrechten der §§ 60 f WRG kam es durch die Novelle 2011 allerdings zu keinen Neuerungen. Die Öffentlicherklärung von Privatgewässern ist weiterhin notwendig, wenn öffentliche Interessen dies erfordern. Diese öffentlichen Interessen sind demonstrativ in § 105 WRG aufgezählt. § 105 Abs. 1 lit. b beschreibt es als den öffentlichen Interessen gegenläufig, wenn eine erhebliche Beeinträchtigung des Ablaufes der Hochwässer durch ein Bauvorhaben besteht. Somit ist ein solches Zwangsrecht weiterhin an Bauvorhaben geknüpft. Die bloße Schaffung von Retentionsraum kann also nicht zwangsweise durchgesetzt werden. (Konkretes zu §§ 38 und 41f siehe unten Kapitel D.2.) Diese Art des passiven Hochwasserschutzes, die Schaffung von Retentionsraum nicht an Bauvorhaben zu knüpfen und somit einen räumlich weitreichenderen Schutz zu erwirken, wurde bereits in den Stellungnahmen zum Gesetzesentwurf angesprochen. In das geltende Gesetz wurde diese „ökologisch und ökonomisch günstige Variante des Hochwasserschutzes"[113] allerdings nicht aufgenommen. Gemäß § 55l Abs. 4 WRG ist die Unterstützung der Schaffung von Retentionsflächen als Möglichkeit miteinbezogen, die Hochwasservorsorge in den Hochwasserrisikomanagementplänen voranzutreiben: „Die Unterstützung nachhaltiger Flächennutzungsmethoden, die Verbesserung des Wasserrückhalts und kontrollierte Überflutungen bestimmter Gebiete im Falle eines Hochwasserereignisses können ebenfalls in die Hochwasserrisikomanagementpläne einbezogen werden." Somit gibt es zwar nach der Novelle eine Quasi-Ermächtigung über den mittelbaren Weg der Hochwasserrisikomanagementpläne. Diese Bestimmung ist jedoch nicht ausreichend. Eine generelle bzw. ausdrückliche Ermächtigung im WRG zur Schaffung von Retentionsflächen, die nicht an Bauvorhaben geknüpft sind, also einzig und allein dem passiven Hochwasserschutz dienen, oder die Besprechung der Schwierigkeiten, die sich betreffend die damit zusammenhängenden Kompetenzen (Wasserrecht, Raumordnungsrecht etc.) ergeben, erfolgt durch die WRG-Novelle nämlich nicht.

---

112 Vgl. *Hofko/Kahl* in *Rath-Kathrein/Weber*, Besonderes Verwaltungsrecht[7] (2011), 128.
113 *Kerschner/Wagner*, Stellungnahme.

b) Reaktivierung verloren gegangener Hochwasserabflussgebiete

Eine weitere Möglichkeit, die „Reaktivierung verloren gegangener Hochwasserabflussgebiete" wird auch in den EB angesprochen.[114] Durch Besiedelung wurden Hochwasserabflussgebiete einer vermeintlich höheren Funktion zugeführt. Mit der Reaktivierung müsste ein Rückführen der Besiedelung gemeint sein, im Sinn einer „Flucht vor dem Wasser". Damit ist die Problematik der Absiedelung angesprochen. Im Synthesebericht wird eine Einbindung dieser Strategie vor allem in regionale Hochwasserschutzkonzepte vorgeschlagen.[115] Dies wären die Regionalprogramme gemäß § 55g WRG. Allerdings ist dies nach dem derzeitigen Stand nicht zu verwirklichen. „Eine gesetzliche Grundlage für eine Absiedelung müsste einerseits auf den Fall der Bedrohung lebenswichtiger Interessen beschränkt bleiben und andererseits den Grundsatz der Verhältnismäßigkeit wahren."[116]

c) Retentionsraum durch nachträgliche Auflagen

In Zusammenhang mit Bauvorhaben bietet das WRG jedoch eine Möglichkeit, die genützt werden könnte, um Rückhalteflächen vorzuschreiben. § 21a WRG verpflichtet die Behörde unter bestimmten Voraussetzungen nachträgliche Auflagen für eine zuvor erteilte Bewilligung vorzuschreiben. Eine ausdrückliche Bezugnahme auf Hochwasser(risikomanagementpläne) fehlt hier. Einen entsprechenden Vorschlag diesbezüglich brachte Habersack in seiner Stellungnahme zum Regierungsentwurf, wonach nachträgliche Auflagen „unter Beachtung der Ergebnisse der Bestandsaufnahme (§ 55d) oder der Vorgaben der Hochwasserrisikomanagementpläne"[117] vorzuschreiben wären. Weiters sieht er zur Optimierung von Schutzanlagen eine Nennung in Abs. 5 vor, wonach die Behörde den Bescheidadressaten Maßnahmen, gerade auch um mit den Hochwasserrisikomanagementplänen in Einklang zu sein, zu einer besseren Hochwasservorsorge vorschreiben darf.[118] Eine Schutzgesetzverletzung läge nämlich vor, wenn den Auflagen, die durch einen Bescheid erteilt wurden, nicht entsprochen wird. Durch die Vorschreibung nachträglicher Auflagen iSd § 21a WRG könnte der Schutz vor Hochwasserschäden verpflichtend eingeführt werden. § 21a WRG wurde aber durch die Novelle nicht abgeändert, womit auch hier die vorgeschlagenen notwendige Konkretisierungen fehlen. Außerdem wird diese Pflicht zur Vorschreibung nachträglicher Auflagen durch das

---

114 Vgl. Erläuterungen zum Gesetzesentwurf, 10.
115 Vgl. *Habersack/Bürgel,Kanonier*, 2009, 152.
116 Ebd., 145.
117 *Habersack*, Stellungnahme, 4.
118 Vgl. *Habersack*, Stellungnahme, 4.

Verhältnismäßigkeitskorrektiv (Abs. 3) begrenzt. Vorsorgemaßnahmen gegen Hochwässer mit einer Wiederkehrwahrscheinlichkeit von mehr als 30 Jahren werden zwar in der Regel als unverhältnismäßig eingestuft.[119] Dennoch ist dies mangels eindeutiger Positionierung unklar.[120] Aus einer unklaren Gesetzesbestimmung ergeben sich Schwierigkeiten mit der Rechtssicherheit. Aber auch den diesbezüglichen Anmerkungen wurde mit der Novelle nicht Rechnung getragen. Auch der neu eingeführte, direkt nachfolgende § 21b WRG ändert daran nichts.

2. Aktiver Hochwasserschutz durch Schutz- und Regulierungswasserbauten

Eine andere Möglichkeit, Retentionsflächen freizuhalten, bietet § 41 WRG, der die Errichtung von Schutz- und Regulierungswasserbauten regelt. Schutz- und Regulierungsbauten dienen (auch) der Aufgabe, den Abfluss des Wassers zu beeinflussen (Regulierungswasserbau) und schädliche Wirkungen abzuwehren (Schutzwasserbau), um das Gelände vor Überflutungen zu bewahren.[121] Beispielsweise unterliegt eine Hochwasserentlastungsanlage der Bewilligungspflicht nach § 41 WRG.[122] § 41 WRG ist nicht die Bewilligungsnorm für Maßnahmen des passiven Hochwasserschutzes, da es gerade Merkmal des passiven Hochwasserschutzes ist, ohne bauliche Eingriffsmaßnahmen vorzusorgen. Daher können solche Maßnahmen nicht nach den §§ 60 ff WRG erzwungen werden. Eine derartige Maßnahme, wie zum Beispiel das Freihalten von Retentionsräumen, kann wie bereits angemerkt, nur in Zusammenhang mit einem Bauvorhaben nach § 41 WRG eingeplant und bewilligt werden.[123] Damit zählt eine solche Schutzmaßnahme zum aktiven Hochwasserschutz.

Bei bescheidmäßiger Bewilligung einer bestimmten Wassernutzung durch die Behörde müssen öffentliche Interessen des § 105 WRG miteinbezogen werden. Bei der Anwendung des § 105 WRG gibt es einen Knackpunkt: Diese bei Bescheiderlassung zu beachtenden Interessen verhindern nicht automatisch die Bewilligung des entsprechenden Vorhabens bei Vorliegen eines Widerspruchs zwischen dem Vorhaben und dem öffentlichen Interesse. Vielmehr hat eine Interessensabwägung zu erfolgen, bei welcher sich das Ergebnis auch gegen die in § 105 WRG genannten öffentlichen Interessen richten kann und überwiegenden mit dem Vorhaben

---

119 Vgl. *Kerschner* in *Kerschner* (Hrsg), Handbuch Naturkatastrophenrecht (2008) 212.
120 Vgl. *Kerschner/Wagner*, Stellungnahme.
121 Vgl. *Oberleitner/Berger*, WRG³ (2011) § 41 Rz 3.
122 Vgl. VwGH 20.09.2001, 2000/07/0222, RdU-LSK 2002/4; 18.03.2010, 2008/07/0089.
123 Vgl. *Oberleitner/Berger*, WRG³ (2011) § 41 Rz 6.

verbunden Interessen der Vorzug gegeben und der Bescheid erlassen werden kann.[124]

Unter öffentlichen Interessen ist auch das Funktionieren des Ablaufes der Hochwässer zu verstehen.[125] Sollte dies – unter Berücksichtigung des Standes des Technik, der mit der Novelle ein allgemein hohes Schutzniveau vorsieht – bei bestehenden Anlagen nicht mehr gewährleistet sein, und öffentliche Interessen nicht mehr ausreichend geschützt sind, "müssen – unter Eingriff in die Rechtskraft [...] geeignete Auflagen nachträglich vorgeschrieben, Anpassungsziele festgelegt und die Vorlage entsprechender Projektunterlagen über die Anpassung aufgetragen werden (Anpassungsaufträge)."[126] Sollte dies nicht ausreichen, um die öffentlichen Interessen zu wahren, muss die Behörde die Wasserbenutzung untersagen. Umgekehrt wiederum, eingeführt durch den neuen § 21 b WRG, wird bei nachträglichem Wegfall der die Auflagen begründenden Voraussetzungen die Aufhebung bzw. Abänderung der Auflagen vorgesehen. Diese Regelung betrifft nicht die Bewilligung von baulichen Anlagen im Hochwasserbereich gemäß § 38 WRG.[127]

Außerdem ist ein effektiver Hochwasserschutz nach diesem Paragraphen fraglich, denn § 41 WRG beinhaltet keine Verpflichtung, einen Schutzwasserbau zu errichten. Aus der Unterlassung solcher Vorkehrungen gegen Naturgefahren können keine Schadenersatzansprüche abgeleitet werden, denn „die mit dem von der Natur vorgesehenen Wasserlauf verbundenen Nachteile träfen grundsätzlich denjenigen, in dessen Vermögen sie sich ereigneten."[128] Lediglich den unmittelbar Betroffenen kommen Handlungspflichten gegenüber mittelbar Betroffenen zu, welche sich auf die Maßnahmen im Rahmen des § 42 WRG konzentrieren.[129] Die Pflicht für Schutzmaßnahmen besteht also nur, soweit der Schaden an fremdem Eigentum entstehen könnte und den mittelbar Betroffenen ein entsprechendes Begehren als begründet anerkannt wird.[130]

Ein Unterlassen von gefahrenabwendenden Maßnahmen, seien es Maßnahmen vorsorglicher oder wiederherstellender Art, ist nur dann rechtswidrig, wenn diese Maßnahmen geboten waren bzw. wenn gegenüber dem Geschädigten eine Verpflichtung zum Handeln bestand.[131] Solche Handlungspflichten ergeben sich aus der allgemeinen Sorgfaltspflicht, aus der

---

124 Vgl. *Habersack/Bürgel,Kanonier*, 2009, 157.
125 Vgl. *Hofko/Kahl* in *Rath-Kathrein/Weber*, Besonderes Verwaltungsrecht[7] (2011), 133.
126 Ebd.
127 Vgl. Ebd., 134.
128 OGH 25. 3. 2003, 1 Ob 279/02i, ÖJZ-LSK 2003/148 = RZ 2003,214 = EvBl 2003/127 S 606 - EvBl 2003,606 = MietSlg 55.028.
129 Vgl. *Oberleitner/Berger*, WRG[3] (2011) § 41 Rz 9.
130 Vgl. Ebd., § 42 E 5.
131 Vgl. *Wagner* in *Kerschner* (2008) 64.

Verkehrssicherungspflicht oder aus Schutzgesetzen. Es ist allerdings nicht ausreichend, wenn in einem allgemeinen Gesetz eine Handlungsermächtigung für solche Maßnahmen enthalten ist, um daraus eine staatliche Handlungspflicht abzuleiten, welche bei Unterlassen eine Rechtswidrigkeit begründen würde.

Auch das Wasserrechtsgesetz sieht solche Handlungspflichten zur Abwehr von Hochwasserereignissen vor. Besonders der Problemkreis der Schutzgesetzverletzung und der Amtshaftungsansprüche spielt in diesem Bereich eine Rolle. Schutzgesetze des WRG im Zusammenhang mit Naturkatastrophen sind § 9 Abs 2, § 38 oder auch § 48 WRG.

Eine wohl bedeutende Entscheidung in diesem Zusammenhang ist jene aus 2005 betreffend das Hochwasser im Kamptal, denn hier stellte der OGH fest, dass es im WRG, welches die Handlungspflichten der Wasserrechtsbehörden abschließend regelt, keine Handlungspflicht der Behörden bzgl. präventiver Maßnahmen gäbe, um Schäden zu verhindern, die bei Hochwässern mit 1.000-2.000-jährlicher Wiederkehrwahrscheinlichkeit auftreten.[132] Damit ist die Handlungspflicht von Wasserrechtsbehörden bei solchen „Elementarereignissen" geklärt.[133] Der Begriff des Elementarereignisses wird auch in einer ähnlichen Entscheidung näher konkretisiert: So fallen auch Handlungspflichten in Bezug auf ein Hochwasser, das alle 100 Jahre auftritt, nicht in die Zuständigkeit der Wasserrechtsbehörden.[134] Der OGH stützte diese Aussage auf § 38 Abs 3 WRG, der als Hochwasserabflussgebiet nach Abs. 1 jenes feststellt, das bei 30-jährlichen Hochwässern überflutet wird. § 38 Abs. 1 hat durch die Novelle jedoch eine Änderung erfahren. § 38 Abs. 1 iVm Abs. 3 WRG sieht eine Bewilligungspflicht für Anlagen aller Art, die sich im Hochwasserabflussgebiet von öffentlichen und privaten fließenden Gewässern befinden, vor. Diese Anlagen sind dann wasserrechtlich genehmigungspflichtig, wenn nicht bereits eine Bewilligung nach § 9 WRG erforderlich ist. Auch gegenüber § 41 WRG, der eine Bewilligungspflicht für bestimmte Schutz- und Regulierungswasserbauten vorsieht, ist § 38 subsidiär. Denn § 38 stellt Vorhaben, die quasi einen Nebeneffekt auf den Wasserabfluss haben, unter Bewilligungspflicht. Der Zweck der Anlage, also die Schutzabsicht, ist für die Einordnung unter § 38 bzw. § 41 maßgeblich.[135] Wichtig ist diese Unterscheidung

---

132 Vgl. OGH 24.06.2005, 1 Ob 285/04z, RdU-LSK 2005/52 = RdW 2005/752.
133 Anm.: Das Schadensrisiko bei Hochwasserereignissen kann freilich nie völlig abgewendet werden. Dennoch besteht die Möglichkeit, den Eintritt eines solchen Schadens auf das Maß eines Restrisikos zu beschränken. Dazu trägt das Wasserrechtsgesetz bei. Das Gegenteil geschieht allerdings, wenn man dem Risiko, das von einer Hochwasserwahrscheinlichkeit ausgeht, zu wenig Beachtung schenkt. Man braucht den Zufall nicht herauszufordern.
134 Vgl. OGH 16.05.2006, 1 Ob 63/06f, RdU 2007/31 = Zak 2006/441 = RdW 2006/440.
135 Vgl. *Oberleitner/Berger*, WRG³ (2011) § 41 Rz 4f.

deshalb, weil für Anlagen des § 41 WRG Zwangsrechte möglich sind, bei Anlagen nach § 38 diese nicht vorgesehen sind.[136] Durch die Änderung dieses Paragraphen wird nun nicht mehr nur die Errichtung von Anlagen "innerhalb der Grenzen des Hochwasserabflusses fließender Gewässer", sondern auch "in Gebieten, für die ein [...] wasserwirtschaftliches Regionalprogramm besteht" der Bau von Schutz- und Regulierungsbauten, wie zum Beispiel Hochwasserdämme und Begradigungen, einer wasserrechtlichen Bewilligungspflicht unterstellt. Dies allerdings nur soweit eine solche Bewilligungspflicht in den jeweiligen Regionalprogrammen vorgesehen ist. Dabei findet sich ein Verweis auf § 42a Abs. 2 Z. 2 WRG, der vorsieht, dass auf Grundlage der Gefahrenzonenplanungen wasserwirtschaftliche Regionalprogramme erlassen werden. Nun stellt sich die Frage, ob hierbei Gebiete von potenziellem signifikantem Hochwasser miteinzubeziehen sind. Dazu sind die Regelungen über die Regionalprogramme zu erläutern. Denn die Bewilligungspflicht für Anlagen innerhalb der Grenzen des Hochwasserabflusses fließender Gewässer ist gemäß § 38 Abs. 3 WRG auf Gebiete bezogen, die den Hochwasserabflussbereich eines 30-jährlichen Hochwassers ausmachen.[137] Betreffend diese Gebiete gab es auch keine Neuerung des Abs. 3 durch die WRG-Novelle.

Grundlage der Regionalprogramme sind Gefahrenzonenpläne. Gefahrenzonenpläne sind für Gebiete mit potenziellem signifikantem Hochwasserrisiko zu erstellen.[138] In diesen Gefahrenzonenplanungen sind die Gebiete zu vermerken, die überflutet werden können von Hochwässern niedriger Wahrscheinlichkeit und Elementarereignissen, Hochwässern mittlerer Wahrscheinlichkeit und hoher Wahrscheinlichkeit. Diese Gebiete sind lediglich darzustellen.[139] Dies hat sich im Vergleich zum Entwurf der Novelle geändert. Im Entwurf wurde vorgesehen, dass „die hochwassergefährdeten Bereiche" in Gefahrenzonenplanungen darzustellen wären. Diese generelle Formulierung wurde zwar nur wörtlich ausformuliert, indem nun auf die Szenarien nach § 55k Abs. 2 Bezug genommen wird. Gleich anschließend wird allerdings das Gebiet hervorgehoben, das von Hochwässern von mittlerer Wahrscheinlichkeit (also ein Hochwasser mit einem voraussichtlichen Wiederkehrintervall von zumindest 100 Jahren) betroffen ist. Diese Hervorhebung bedeutet nicht direkt eine Beschränkung auf Hochwässer mittlerer Wahrscheinlichkeit.[140] Dennoch stellt sich natürlich die Frage, warum gerade diesen

---

136 Vgl. *Konzett*, 2007, 45.
137 VwGH 27.09.1994, 92/07/0076; 02.07.1998, 98/07/0042; 06.11.2003, 99/07/0082; 20.05.2010, 2008/07/0127; stRsp.
138 Vgl. § 42a Abs. 2 Z.1 WRG.
139 Vgl. § 42a Abs. 3.
140 Vgl. *Oberleitner/Berger*, WRG³ (2011) § 42a Rz 6.

Gebieten eine Hervorhebung zukommt. Weiters sind Gefahrenzonenplanungen „auf der Grundlage der relevanten Szenarien" abzuleiten, in denen eine Freihaltung a) wegen der voraussichtlichen Schadenswirkung oder Gefährdung, b) zur Verhinderung eines Zuwachses des Schadenspotenzials, c) zur Reduktion der Hochwassergefahren oder d) für Zwecke späterer schutzwasserwirtschaftlicher Maßnahmen erforderlich ist oder in denen die Voraussetzungen zur Reduktion bestehender Risiken zu schaffen sind.[141]

Abgesehen von der Betrachtung der Wortwahl, die auf „relevante Szenarien" hinweist, ist nun auf den Zusammenhang mit der Bewilligungspflicht nach § 38 WRG einzugehen. Es scheint so, als wären tatsächlich auch Gebiete, in denen Elementarereignisse stattfinden könnten, einer Bewilligungspflicht unterworfen. Mindestens müssten aber Gebiete, die von Hochwässern im HQ-100-Bereich betroffen sein können, erfasst sein – sonst wären sie doch nicht explizit hervorgehoben. Auf den ersten Blick erscheint es auch, als würde den Stellungnahmen zum Gesetzesentwurf entsprochen worden sein.[142] Für die Bewilligungspflicht von Anlagen in derartigen Gebieten ist jedoch Voraussetzung, dass erstens solche Regionalprogramme bestehen. Denn die Erstellung von Regionalprogrammen ist nicht zwingend, das Gesetz spricht in § 42a WRG von „können [...] erlassen werden". Zweitens müssen diese Regionalprogramme eine solche Bewilligungspflicht vorsehen. Somit wurde in Wahrheit die Bewilligungspflicht nicht normativ weiter als auf den HQ-30-Bereich (siehe Abs. 3) wie bisher ausgedehnt. Die Erstellung von Regionalprogrammen ist jedoch nicht völlig freigestellt oder willkürlich. Der Landeshauptmann *hat* für Einzugs-, Quell- oder Überflutungsgebiete solche Regionalprogramme zu erlassen, wenn es zur Verringerung hochwasserbedingter nachteiliger Folgen für die menschliche Gesundheit, die Umwelt, das Kulturerbe und wirtschaftliche Tätigkeiten erforderlich ist.[143] Diese Regionalprogramme können dann Gesichtspunkte unter anderem bei der Handhabung des § 38 WRG zum Gegenstand haben.[144] Das läuft darauf hinaus, dass im Gesetz zwar ein umfangreiches System von Hochwasserkarten und Hochwasserplänen verankert ist, dennoch bleiben die Folgen aus diesem System unbestimmt, da die aus den Erfahrungen und Erkenntnissen bei der Planung abgeleiteten Ergebnisse (noch) nicht in Form von normativen Anweisungen ins novellierte WRG eingeflossen sind. Bisher wird in der Judikatur des VwGH darauf hingewiesen, dass § 38 WRG der vorbeugenden Verhinderung von

---

141 § 42a Abs. 3 WRG.
142 Anm.: Siehe bei (wenn auch nur ansatzweiser Entsprechung) bspw. *Kerschner/Wagner*, Stellungnahme.
143 Vgl. § 55 g Abs. 1 WRG.
144 Vgl. § 55g Abs. 1 Z. 1 lit. c WRG.

zusätzlicher Hochwassergefahren dient.[145] "Erhöhen die Auswirkungen eines Wasserbauvorhabens die Gefahren einer Überschwemmung im 30-jährlichen Hochwasserabflussbereich nicht, sind sie irrelevant."[146] Somit wird wieder auf die 30-jährliche Wiederkehrwahrscheinlichkeit abgestellt. Weiters führt die Entscheidung aus, dass deshalb nicht auf 100-jähliche Hochwässer abgestellt wird (wie dies im NÖ Raumordnungsgesetz der Fall ist), da das WRG nichts mit Baulandeignungen auf sich hätte. Wie sich die Situation anhand der Rechtsprechung weiterentwickelt, wenn ein Regionalprogramm besteht, das eine Bewilligungspflicht für Anlagen in einer HQ-100-Zone vorsieht, ist abzuwarten. Entsprechende Rechtsfragen werden sich bei der praktischen Umsetzung des Wasserrechtsgesetzes zeigen und die Lösung dieser bewerten lassen.

Auch Regelungen von Hochwässern im HQ-300-Bereich werden abgesehen von der Erwähnung in § 55k Abs. 2 Z. 1 WRG nicht erlassen. Solche Risikobereiche sind dennoch nicht vollständig zu vernachlässigen. Es ist verständlich, dass kein umfassendes Konzept für derartige Fälle der Verwirklichung eines „Restrisikos" erstellt werden kann. Solche Überlegungen sollten allerdings in einen differenzierten Hochwasserschutz miteinbezogen werden.[147] Der Rechnungshof beauftragte das Ministerium, die Hochwässer, die mit einer 300-jährlichen Wiederkehrwahrscheinlichkeit auftreten, in die Überlegungen im Hinblick auf ein Restrisiko miteinzubeziehen. Diese würden laut Ministerium in „Anschlaglinien für das Bemessungsereignis HQ-300 in diversen Projekten in Zusammenhang mit Restrisikobetrachtungen in Ausarbeitung"[148] sein. Das Risiko eines solchen Ereignisses war noch nicht in den Überlegungen zu allen Gefahrenzonenplänen inkludiert. Bis Ende 2011 sollte dieses flächendeckend vorliegen.[149] Daraus wird ersichtlich, dass eine Überarbeitung im Hinblick auf einen differenzierten Hochwasserschutz nun eine ausreichende Grundlage hätte.

3. Verhältnis des aktiven zum passiven Hochwasserschutz in Österreich

Unter aktivem Hochwasserschutz versteht man aktive Maßnahmen wie Flussregulierungen oder Schutzwasserbauten. Nach Durchsicht der Regelungen wird das Bild deutlich, dass das WRG dem aktiven Hochwasserschutz verschrieben ist. In Österreich herrscht allerdings die Meinung

---

145 Vgl. VwGH 20.05.2010, 2008/07/0127
146 VwGH 26. 5. 2011, 2007/07/0126, JusGuide 2011/43/2487.
147 Vgl. *Kerschner/Wagner*, Stellungnahme.
148 Bericht des Rechnungshofes, 2011, 174.
149 Vgl. Bericht des Rechnungshofes, 2011, 175.

vor, den passiven Hochwasserschutz vor dem aktiven Hochwasserschutz zu bevorzugen.[150] Dies steht auch in Einklang mit der Hochwasserrichtlinie, die sich besonders dem passiven Hochwasserschutz widmet und diesen vor dem aktiven Hochwasserschutz vorrangig behandelt.[151] Entsprechend der Rangfolge von nicht-baulichen Vorsorgemaßnahmen vor baulichen Vorsorgemaßnahmen wurde in der WRG-Novelle keine vergleichbare Norm geschaffen, die diese Rangfolge verbindlich festlegt. Zwar wurden im § 55l Abs. 2 WRG die Ziele für das Hochwasserrisikomanagement in einer numerierten Reihenfolge festgelegt und unter Ziffer 2 auch die nicht-baulichen Maßnahmen, sofern dies angebracht sei, vorgesehen. Dennoch kann man in Z 1, der generell auf die Verringerung potenzieller hochwasserbedingter nachteiliger Folgen abstellt, auch bauliche Maßnahmen erfasst sehen. Ein Vorrang von passiven Schutzmaßnahmen müsste mit normativer Wirkung im WRG festgelegt sein, um tatsächlich diese Reihenfolge zu verwirklichen.[152] So bleiben für die tatsächliche Ausgestaltung der Maßnahmenabfolge die zu erstellenden, konkreten Planungsakten abzuwarten.

Das WRG enthält also trotz der Novelle, die unter anderem dem Hochwasserschutz verschrieben ist, keine Regelung, die zur einer der wirksamsten Formen des passiven Hochwasserschutzes, nämlich der Freihaltung von Retentionsflächen verpflichtet. Es bleibt nun eine rechtliche Absicherung von Retentions- und Rückhalteräumen über raumordnungsrechtliche Maßnahmen, „wobei aufgrund der funktionalen Zusammenhänge vor allem die überörtliche Raumplanung gefordert ist."[153] Im Synthesebericht wurde gefordert, dass die Hochwasserflächenvorsorge verstärkt im novellierten WRG eingebaut werden möge, da derartige Bestimmungen hauptsächlich in der Raumplanung zu finden seien. Raumordnungsrechtliche und schutzwasserrechtliche Bestimmungen sollen aufeinander abgestimmt werden, um einen bestmöglichen Schutz vor Hochwasserschäden zu bieten.[154] Diese Kombination von wasserbaulichen Maßnahmen und einer geregelten Raumnutzung ist erforderlich, um einen wasserwirtschaftlich und ökologisch sinnvollen Zustand zu erreichen.[155] Denn Retentionsflächen erlangen mehr Wirkung, desto dichter der Bewuchs ist. Dieser birgt allerdings die Gefahr, dass er im Fall von Überschwemmungen mitgeschwemmt wird und weitere Schäden verursacht. Daher sind weitere Maßnahmen, wie beispielsweise die Schaffung

---

150 Vgl. BMLFUW (Hrsg.) Hochwasserschutz in Österreich (2006) 13. zit. nach: Wagner in Kerschner 2008.
151 Vgl. *Habersack/Bürgel,Kanonier*, 2009, 157.
152 Vgl. *Kerschner/Wagner*, Stellungnahme.
153 *Habersack/Bürgel,Kanonier*, 2009, 145.
154 Vgl. Ebd., 150 f.
155 Vgl. Konzett, 2007, 20.

von Sperrriegeln vonnöten, um eine effektivere Schadensverminderung zu erreichen.[156] Dabei ist es laut EB zur Gesetzesvorlage besonders relevant, bei der Planung und Ausführung die „natürlichen Möglichkeiten des Hochwasserrückhaltes durch Erhaltung vorhandener und für den Hochwasserrückhalt geeigneter Gebiete" zu nutzen und eine „Verbesserung des Geschiebehaushaltes" anzustreben.[157] Diese Vorstellungen und Ziele wurden in der WRG-Novelle aber nicht ausreichend normativ verankert und die erläuternden Bemerkungen allein vermögen nicht eine strikte Vorgehensweise zu erzwingen.

4. Handlungspflicht der Wasserrechtsbehörden

a) Ableitung einer Handlungspflicht aus Art. 2 EMRK?

Wasserrechtsbehörden kommt nach dem WRG keine allgemeine, präventive Handlungspflicht zu, um die Folgen der Naturkatastrophen zu verhindern und die Schäden gering zu halten. Von Relevanz ist dabei aber die Frage, ob dem Menschen ein Grundrecht auf Schutz vor Naturgefahren zukommt. Dieses Grundrecht würde eine Handlungspflicht des Staates zur Vorsorge gegen Naturkatastrophen bedeuten. Ein derartiges Grundrecht wird bereits im Rahmen des Art. 2 EMRK diskutiert: „Die Verpflichtung umfasst in erster Linie die Pflicht zur Schaffung rechtlicher und administrativer Rahmenbedingungen, die wirksame Abhilfe gegen Bedrohungen des Lebens schaffen."[158] Da dem Staat allerdings keine unverhältnismäßigen Pflichten auferlegt werden können, muss dem Ermessensspielraum des Staates bei der Wahl der Maßnahmen hinsichtlich des Schutzes vor Naturkatastrophen wie Hochwässern mehr Gewicht zukommen als beim Schutz vor Auswirkungen gefährlicher menschlicher Aktivitäten, da Naturkatastrophen nicht kontrollierbar sind.[159] Beachtung kommt dieser Überlegung besonders bei klar erkennbaren bzw. wiederkehrenden Katastrophen zu. In den letzten Jahren sind Hochwässer vermehrt aufgetreten. Dem Staat kann allerdings keine alleinige Verpflichtung zum Katastrophenschutz zukommen, eine effektive Rechtsstruktur unter Einbindung von Subsidiarität und Pluralität muss geschaffen werden.[160] Der Staat hat durch die WRG-Novelle seinen Ermessensspielraum zu einem gewissen Grad genützt und einen Rahmen für einen integrierten Hochwasserschutz geschaffen. Inwieweit tatsächlich eine auf Art. 2 EMRK

---

156 Vgl. Ebd.
157 Vgl. Erläuterungen zum Gesetzesentwurf, 10.
158 AUSL EGMR 20.03.2008, Bsw 15339/02.
159 Vgl. Ebd.
160 Vgl. *Habersack/Bürgel, Kanonier*, 2009, 157.

gestützte konkrete Handlungspflicht des Staates reicht, ist derzeit noch offen.[161]

b) Amtshaftung

Um auf die aus den sich kontinuierlich durch die Arbeit ziehenden Anmerkungen über eine Handlungspflicht der Behörde sich ergebenden Folgen einzugehen und die damit zusammenhängende Problematik abzurunden, wird das Thema „Amtshaftung" abgehandelt. Die bisher auf der Amtshaftung beruhende Diskussion ist die Folgende: Fraglich ist nämlich, wer haftet, wenn die Informationen und Weiterleitungen nicht geschehen, die Behörde es also unterlässt, den Bauwerber über die Hochwassergefahr aufzuklären, und dieser Geld in ein Bauvorhaben in einem dem Bauwerber unbekannten Hochwasserrisikogebiet investiert oder, schlimmer noch, der Hochwasserfall dann eintritt und Schäden verursacht.

Das Baubewilligungsverfahren hat den Zweck, den Bauwerber vor zukünftigen Schäden, wovon auch Schäden am Vermögen erfasst sind, zu bewahren, die ihm aus dem Vertrauen auf die Bewilligung entstehen. Schäden, die gänzlich durch die Naturkatastrophe "Hochwasser" entstehen, also ohne eine den Schaden auslösende menschliche Handlung, wie es zum Beispiel die Änderung der natürlichen Abflussverhältnisse wäre, fallen in den Risikobereich des Geschädigten. Dies deshalb, weil Hochwasserschäden (iSv „seltenen" Naturkatastrophen) als Zufallsereignisse iSd § 1311 ABGB eingeordnet werden. Auch bei der Erteilung der Baubewilligung ist "nur auf Auswirkungen Bedacht zu nehmen, die im Regelfall auftreten können. Auf denkbare theoretische Katastrophenfälle, die naturgemäß nicht vorhersehbar sind, kommt es hingegen nicht an."[162] Die Gemeinde haftet nicht bei Elementarereignissen. Bei Regen und Hochwässern, die allerdings nicht den Status eines Elementarereignisses erreichen, bejaht der OGH eine Haftung der Gemeinde.[163] Generell befindet der VwGH nur folgende Auswirkungen von Bauvorhaben als relevant, die die Hochwassergefahr im 30-jährlichen Hochwasserabflussbereich erhöhen.[164] Auch die in Kapitel D.2. genannte Bewilligungspflicht nach § 38 Abs. 1 WRG „knüpft nicht an das Vorliegen von Gefahrensituationen im Falle eines Extremhochwasserereignisses an, sondern besteht gänzlich unabhängig davon. Werden weder

---

161 Anm.: Der Fall „Budayeva u. a. gegen Russland" (vgl. o.A. (2008): Positive Verpflichtungen des Staates bei Naturkatastrophen, Budayeva u. a. gegen Russland, Newsletter Menschenrechte 2008/2, 73-77), an dem der EGMR diese Grundsätze ausführte, handelte von einer gänzlichen Unterlassung jeglicher Handlungspflicht der Behörde. Insofern wurden konkrete Grenzen der staatlichen Handlungspflicht nicht aufgezeigt.
162 VwGH 26.01.1995, 94/06/0260.
163 Vgl. OGH 29.01.2002, 1 Ob 285/01w, bbl 2002/71 = immolex 2002/63 = MietSlg 54.028, OGH 08.09.2009, 1Ob144/09x, bbl 2010/28, OGH 01.03.2012, 1Ob24/12d.
164 VwGH 26. 5. 2011, 2007/07/0126, JusGuide 2011/43/2487.

öffentliche Interessen noch Interessen Dritter beeinträchtigt, ist diese Bewilligung zu erteilen." [165] Selbst wenn ein derartiges Hochwasser einträte, würde es nicht automatisch zur Versagung der Bewilligung führen.

Beim Thema Amtshaftung sind drei Aspekte zu beachten: Erstens hat die Gemeinde hat die Pflicht zur Ersichtlichmachung. Weiters müssen Erhebungen zur Feststellung eines Hochwasserabflussgebiets durchgeführt werden, wobei auch Informationen anderer Rechtsträger gegebenenfalls einzuholen sind. Damit dies auch die entsprechende Wirkung hat, muss der Flächenwidmungsplan regelmäßig überprüft werden. Denn darauf, dass der Flächenwidmungsplan richtig ist und Gefahrenzonen ausgewiesen sind, darf sich der Bauwerber verlassen. Der Bauwerber kann darauf vertrauen, „dass der einer Baubewilligung entsprechenden Ausführung des Bauvorhabens keine in den Verantwortungs- und Risikobereich der Baubehörde fallende öffentlich-rechtliche, vom Bauwerber nicht überschaubare Hindernisse oder Rücksichten entgegenstehen." [166] Dieser Punkt wird durch die Novelle zumindest derart ausgestaltet, dass der Behörde mit Abschluss der ersten Umsetzungsakte genügend Dokumentationsmaterial zur Verfügung stehen sollte, das Hochwasserrisiko bei zukünftigen Bauvorhaben einzuschätzen (vom Restrisiko abgesehen). Tatsache ist, dass für viele Angelegenheiten, die erforderlich wären, um zukünftige Schäden gering zu halten, das Geld fehlt. Dennoch ist dies kein Argument, das von den Gemeinden vorgebracht werden kann, um die fehlende Ersichtlichmachung oder die mangelnde Erkenntlichkeit einer solchen Gefahr zu entschuldigen. Dieses Argument wurde durch das vorgeschriebene umfassende Planungssystem zumindest auf gesetzlichem Weg entkräftet.

Die Gemeinde haftet bei Vorliegen der sonstigen Voraussetzungen der Amtshaftung für die entstandenen Schäden. Diese Entscheidung des OGH wird vielfach kritisiert: Geht man davon aus, dass die Gemeinde das notwendige Geld aufbringen soll, um die notwendigen Vorkehrungen zu treffen, um sich einer Haftung zu entziehen, so grenzt das an eine enorm weit gefasste Verpflichtung zum Katastrophenschutz für die jeweilige Gebietskörperschaft. Fraglich ist generell, wie dieser umfassende Katastrophenschutz in die Realität umgesetzt werden kann. Abgesehen von Schwierigkeiten der konkreten Umsetzung (Beispielsweise die Frage: Inwieweit können Sachverständige ein Risiko gänzlich erkennen?) ist die Finanzierung dieses Katastrophenschutzes eine Hürde. Für die Ausgaben würden nämlich die Steuerzahler

---

165 VwGh 30.09.2010, 2008/07/0135.
166 OGH 28.11.2006, 1Ob158/06a, RdU 2007/111 = Zak 2007/163 = bbl 2007/63 = ecolex 2007/147 = RZ-EÜ 2007/208 und 209.

aufkommen müssen. Dies würde eine Sozialisierung des Baugrundrisikos darstellen.[167]

Für die Amtshaftung gibt es drei Einschränkungen. Von diesen ist besonders die Ausgestaltung der ersten Einschränkung strittig. Erstens besteht kein Vertrauensschutz des Bauwerbers, wenn die Gefährdung für ihn erkennbar war. Der OGH geht hier von Mitverschulden aus. Kerschner hingegen spricht sich für einen gänzlichen Anspruchsverlust aus. Zweitens besteht der Vertrauensschutz nur nach dem Schutzzweck der Raumordnungsgesetze bzw. der Bauordnungen der Länder. Diese Einschränkung ist allgemein anerkannt. Drittens besteht eine allgemeine Pflicht zur rechtmäßigen Entscheidung der Behörde.

Die neuen Regelungen über die teils verpflichtenden, aber großteils von Ermessensspielräumen gekennzeichneten Aufzeichnungen ändern nichts an der derartigen Haftungsdiskussion und bringen auch keinen Fortschritt für die laufende Diskussion. Es fehlt dazu nämlich auch die konkrete Abstimmung des Wasserrechts mit dem Raumordnungsrecht, das zur ausreichenden Umsetzung eines Hochwasserschutzes nötig wäre. Auch durch die Novellierung des WRG wird ein passiver Katastrophenschutz zwischen den verschiedenen Kompetenzträgern nicht ausreichend koordiniert. "Die bloß freiwillige Zusammenarbeit in diesem Bereich ist zwar wichtig, aber ungenügend, da sie keine klaren Verantwortlichkeiten schafft."[168] Dies ist einerseits zwar auf die Ausgestaltung der Regelung als Richtlinie zurückzuführen, andererseits hätte die Richtlinie die Möglichkeit gebracht, diesen Themenkomplex zu überarbeiten und gerade im Bezug auf die wichtigen Koordinationsaspekte entsprechende gesetzliche Regelungen zu schaffen.

5. Regionalprogramme als Mittel des Hochwasserschutzes

Um das Thema Regionalprogramme mit dem von der Richtlinie vorgegebenen passiven Hochwasserschutz zu verknüpfen, kann die Problematik der Ausgestaltung des passiven Hochwasserschutzes in den alpinen Regionen angesprochen werden. Passive Schutzmaßnahmen wie die Steuerung des Siedlungsbaues und die Freihaltung entsprechender Retentionsflächen sind gerade bei weitreichender Überflutung in alpinen Räumen schwierig zu realisieren, da die Berge natürliche Grenzen für Siedlungsraum und auch Retentionsflächen darstellen und ein Ausweichen am mangelnden verfügbaren Platz scheitert. So kann allein

---

167 Vgl. *Wagner E.* in *Kerschner* (Hrsg), Handbuch Naturkatastrophenrecht (2008) 4.
168 *Wagner E.* in *Kerschner* (Hrsg), Handbuch Naturkatastrophenrecht (2008) 59.

durch passiven Hochwasserschutz österreichweit nicht das Auslangen gefunden werden.[169] Um diesen unterschiedlichen geographischen Gegebenheiten Rechnung zu tragen, sieht das WRG entsprechend der Vorgaben durch die EU-Richtlinie die Erstellung von Regionalprogrammen vor. Die Regionalprogramme werden vom Landeshauptmann in Form von Verordnungen auf Grundlage der Gefahrenzonenplanungen erstellt. Abweichend vom Entwurf der Novelle können bis zum Vorliegen des ersten Hochwasserrisikomanagementplanes, auf dem die Gefahrenzonenplanungen basieren, diese Regionalprogramme auch auf Grundlage von den Gefahrenzonenplanungen ähnlichen Plänen erlassen werden (vgl. § 42a Abs. 2 WRG). Da die Verordnungsermächtigung auf anderweitige Planungen verweist, spricht man von „bedingter Programmierung".[170] Diese Ermächtigung des Landeshauptmannes ist der Möglichkeit zum Erlass von Rahmenverfügungen nachgebildet und betrifft daher auch Maßnahmen im Bereich von Überflutungsgebieten, Einzugs- und Quellgebieten.[171] Regionalprogramme sind zu erstellen, wenn dies „zur Verringerung hochwasserbedingter nachteiliger Folgen für die menschliche Gesundheit, die Umwelt, das Kulturerbe und wirtschaftliche Tätigkeiten erforderlich ist."[172] Die darin genannten *Ziele*, nämlich der Schutz der menschlichen Gesundheit, der Umwelt, des Kulturerbes und der Wirtschaft entsprechen den in der Richtlinie genannten Schutzzielen und wurden anders als im Gesetzesentwurf vorgeschlagen tatsächlich ins WRG eingebaut. Diese Ziele entsprechen auch den in § 55l Abs. 2 Z. 1 WRG genannten Zielen. Dort genannte weitere Ziele, wie der Vorrang der passiven vor der aktiven Hochwasservorsorge wird im Zusammenhang mit den Regionalprogrammen nicht mehr erwähnt. Dies ist zwar nicht ausdrücklich erforderlich, da sich die Regionalprogramme sowieso auf Gefahrenzonenpläne und diese wiederum auf die Hochwasserrisikomanagementpläne beziehen und auf die Ziele daher indirekt durchgehend Bezug genommen wird. Dennoch ist auffällig, dass die Ziele aus § 55l Abs. 2 Z. 1 in § 55g Abs. 1 wiederholt werden, der Schwerpunkt auf der passiven Hochwasservorsorge aber nicht mehr erwähnt wird. Dies bringt einerseits zwar die aufgrund der unterschiedlichen topographischen Situation erforderliche dynamische Handhabe der unterschiedlichen Hochwasservorsorge zum Ausdruck, dennoch wäre es allerdings notwendig gewesen, denn Vorrang der passiven vor der aktiven Vorsorge weiterhin zu erwähnen, und zwar normativ festzulegen, um einem unbegründeten Vorzug von aktiven Hochwasserschutzmaßnahmen, wenn passive Maßnahmen möglich sind, vorzubeugen.

---

169 Vgl. Parlamentskorrespondenz Nr. 165 vom 23.02.2011.
170 *Oberleitner/Berger*, WRG³ (2011) § 55g Rz 1.
171 Vgl. Erläuterungen zum Gesetzesentwurf,13.
172 § 55g Abs. 1 WRG.

Weiters findet man im Gesetz eine Aufzählung des möglichen Inhalts solcher wasserwirtschaftlichen Regionalprogramme. Die EB sprechen von der Möglichkeit einer Verbindung der Maßnahmen des Regionalprogrammes mit Bauvorhaben zum Hochwasserschutz über die dabei vorzuschreibende Auflagen.[173] Sollten Bescheide dem jeweiligen Regionalprogramm widersprechen, ist in Abs. 3 die Möglichkeit der Anrufung des VwGH durch den Landeshauptmann als wasserwirtschaftliches Planungsorgan binnen drei Monaten vorgesehen. Dieser Absatz stellt eine lex specialis zu § 55 Abs. 5 WRG dar, bei welchem die Anrufung der Gerichtshöfe des öffentlichen Rechts durch die Anrufung des VwGH ersetzt wurde. Diese Beschwerdemöglichkeit besteht, wenn er am Verfahren nicht beteiligt wurde oder im Verfahren begründet hat, warum das zu bewilligende Projekt nicht mit dem Regionalprogramm konform ist.[174]

Bei der Erlassung der Bescheide, die mit dem Regionalprogramm in Einklang stehen müssen, ist besonders auf die öffentlichen Interessen und auf fremde Rechte Rücksicht zu nehmen.[175] Laut den EB zum Gesetzesentwurf sind die in den Hochwasserrisikomanagementplänen festgelegten Ziele und Maßnahmen (s.o.) zu den öffentlichen Interessen zu zählen.[176] Aber auch § 105 WRG hat keine Änderung durch die Novelle 2011 erfahren, wie es von vielen Seiten vorgeschlagen wurde (siehe oben Kapitel D.1.).

6. Vorsorge durch Wassergenossenschaften und Wasserverbände

Eine weitere Möglichkeit, Handlungspflichten abzuleiten, könnte im § 43 WRG gesehen werden, der eine Vorsorge vor wiederkehrenden Überschwemmungen festlegt. Geeignet für eine Vorsorge hält der Gesetzgeber gemäß Abs. 1 Wassergenossenschaften, Wasserverbände, Bundesgesetze und Landesgesetze. Diese Regelung beschränkt sich allerdings auf eine „politische Handlungsanleitung an Gesetzgebung und Vw [Verwaltung], ohne eine haftungsbewehrte Handlungspflicht zu begründen."[177] Rechtswidrig ist außerdem ein Unterlassen der Umsetzung der Auflagen durch die Betroffenen oder eine mangelnde Instandhaltung der Schutzbauten.[178] Von einer selbstständigen Pflicht der Betroffenen zur Setzung von präventiven Maßnahmen zur gänzlichen Verhinderung von Hochwasserschäden ist

---

173 Vgl. Erläuterungen zum Gesetzesentwurf, 13. Anm.: Nähere Konkretisierungen der von der Bestimmung beabsichtigten Wirkung klärt auch nicht der WRG-Kommentar 2011.
174 Vgl. Ebd., 12.
175 Vgl. Hofko/Kahl in Rath-Kathrein/Weber, Besonderes Verwaltungsrecht⁷ (2011), 141.
176 Vgl. Erläuterungen zum Gesetzesentwurf, 10.
177 Vgl. Oberleitner/Berger, WRG³ (2011) § 43 Rz 1.
178 Vgl. Ebd., § 43 Rz 2.

beim § 43 WRG nicht auszugehen.[179]

Es ist nun zuerst die Stellung und Bedeutung von Wassergenossenschaften und Wasserverbände zu klären, um diese Regelung zutreffend analysieren zu können: Wassergenossenschaften sind im neunten Abschnitt des WRG in den §§ 73 – 86 WRG geregelt. Sie sind Körperschaften des öffentlichen Rechts und haben den Zweck, wasserwirtschaftlich bedeutsame Zielsetzungen zu verfolgen, wozu auch der Schutz *vor* dem Wasser gehört, der in der demonstrativen Aufzählung unter lit. a beschrieben ist als "der Schutz von Grundeigentum und Bauwerken gegen Wasserschäden, die Regulierung des Laufes oder die Regelung des Abflusses (Wasserstandes) eines Gewässers, Vorkehrungen gegen Wildbäche und Lawinen, die Instandhaltung von Ufern und Gerinnen einschließlich der Räumung." Auch wenn man nicht davon ausgehen würde, dass Hochwasserschäden von diesem Wortlaut erfasst sind, lässt der Charakter dieser Aufzählung als demonstrative Aufzählung jedenfalls den Hochwasserschutz als Zweck zu. Wassergenossenschaften sind also grundsätzlich geeignet, Vorkehrungen gegen Hochwässer zu treffen. Fraglich ist nun, inwieweit eine Pflicht zur Bildung von Wassergenossenschaften aus dem Gesetz abgeleitet werden kann. Die Gründungsmöglichkeiten sind vielfältig. Besonders interessant ist die vorgesehene Möglichkeit eine Zwangsgenossenschaft gemäß § 76 WRG zu bilden, die durch Bescheid des Landeshauptmannes entsteht. Zwangsgenossenschaften können gebildet werden, wenn es im öffentlichen Interesse dringend geboten ist. Dabei sind private und öffentliche Interessen gegeneinander abzuwägen.[180] Aus dieser Bestimmung leiten manche Autoren einen Amtshaftungsanspruch bei Hochwasserschäden ab, soweit der Hochwasserschutz ein solch dringendes öffentliches Interesse darstellt, das private Interessen überwiegt.[181] Auch drückt § 43 Abs. 1 durch die Wortwahl "ist durch die Bildung einer Wassergenossenschaft [...] Sorge zu tragen" eigentlich eine normative Aufgabe zur Hochwasservorsorge aus. Die Lehre sieht in der Bestimmung jedoch keine Pflicht zur Gründung von Wassergenossenschaften[182] und auch die Erläuterungen zur WRG-Novelle stellen zwar klar, dass die Behörde in Gebieten von hoher Wiederkehrwahrscheinlichkeit von Hochwässern die Bildung von Wassergenossenschaften erzwingen bzw. darauf hinwirken kann. Auf ein solches Tätigwerden der Behörde besteht allerdings kein Anspruch.[183] Spätestens der OGH hebelt die Verpflichtung zur Bildung von Wassergenossenschaften in Bezug auf alle Hochwässer aus. Denn Hochwässer

---

179 Vgl. OGH 28.11.2006, 1 Ob 158/06a.
180 *Wagner E.* in *Kerschner* (2008) 75. Anm.: Ähnlich dazu ist die Regelung betreffend Wasserverbände, §§ 87, 88b WRG.
181 Vgl. *Mayer,* 2002, 796.
182 Vgl. *Wagner E.* in *Kerschner* (2008) 75 mit Verweis auf *Oberleitner.*
183 Vgl. Erläuterungen zum Gesetzesentwurf, 12.

in Form von Elementarereignissen seien nicht im Sinn von wiederkehrenden Überschwemmungen auszulegen.[184] In dieser Entscheidung klärte der OGH jedoch nicht, ob auch bei wiederkehrenden Überschwemmungen, also solchen mit einer Wiederkehrwahrscheinlichkeit von bis zu 30 Jahren, eine Verpflichtung zur Gründung von Wassergenossenschaften besteht, bei deren Unterlassen eine Haftung für durch das Hochwasser entstandene Schäden eingreifen könnte.

§ 43 hat durch die Novelle 2011 eine Änderung erfahren. Die Bildung von Wassergenossenschaften und -Verbänden dient nun auch der Unterstützung der Umsetzung von Planungsergebnisse, die durch die Hochwassermanagementpläne vorgesehen sind. Die Formulierung des rechtlichen Könnens bzw. Müssens ist allerdings nicht verändert worden. Sollte Umsetzung der Planungsergebnisse jedoch Bauvorhaben betreffen, die für den Hochwasserschutz vorgesehen wurden, ist die Bildung „nur auf Grundlage hinreichend konkreter Projektierungen, insb durch Betroffene und/oder durch Gebietskörperschaften,"[185] möglich. In den EB wird die Möglichkeit der Zwangserrichtung von Genossenschaften auf Hochwässer mit hoher Wiederkehrwahrscheinlichkeit begrenzt. Zusätzlich wird klargestellt, dass trotz der Änderung des § 43 WRG kein Anspruch auf ein Tätigwerden der Behörde besteht.[186] Weiterhin bestünde nach der Intention des Gesetzgebers keine einklagbare bzw haftungsbewehrte Handlungspflicht staatlicher Organe.[187]

7. Vorsorge durch Grundeigentümer bzw. Berechtigte

Nun ist fraglich, wodurch eine Verpflichtung zur Vorsorge abgeleitet werden kann. Dabei wird im WRG auch die Eigenvorsorge angedacht: "Die Herstellung von Vorrichtungen und Bauten gegen die schädlichen Einwirkungen des Wassers bleibt, insofern Verpflichtungen anderer nicht bestehen und unbeschadet der Bestimmungen der §§ 44, 47 und 50 zunächst denjenigen überlassen, denen die bedrohten oder beschädigten Liegenschaften und Anlagen gehören."[188] Damit wird den Eigentümern eine Eigenverantwortung für Vorkehrungen gegen Hochwasserschäden auferlegt. Es ist zwar so, dass § 50 WRG eine weitreichende Pflicht zur Instandhaltung von Hochwasserschutzbauten für die Betreiber von Hochwasserschutzbauten

---

184 Vgl. OGH 16.05.2006, 1 Ob 63/06f, RdU 2007/31 = Zak 2006/441 = RdW 2006/440.
185 *Oberleitner/Berger*, WRG³ (2011) § 43 Rz 7.
186 Vgl. Erläuterungen zum Gesetzesentwurf, 12.
187 Vgl. *Oberleitner/Berger*, WRG³ (2011) § 43 Rz 8.
188 § 42 Abs. 1 WRG.

vorsieht, damit Dritten durch die Anlage kein Schaden entsteht. Dritte haben jedoch keinen Anspruch auf dauernden Schutz gegen Bemessungsereignisse.[189] Generell erkennt man auch am weitläufigen Versicherungsangebot, dass die Eigenvorsorge einen großen Pfeiler im Hochwasserschutz darstellt.

Ein weiterer Schutz vor den Auswirkungen von Hochwässern besteht allerdings in den §§ 47, 48 WRG. Diese wurden zwar nicht novelliert, dennoch sollen diese in einer umfassenden Darstellung des Hochwasserschutzes im WRG nicht ausgelassen werden. Zur "Hintanhaltung von Überschwemmungen" kann die Wasserrechtsbehörde den Eigentümern mittels Bescheid bestimmte Vorkehrungen für Gebiete auftragen, in denen es häufig zu Hochwässern kommt. Unterlässt die Behörde es in Fällen einer erkennbaren Gefahrensituation, solche Auflagen zu erteilen, verletzt sie ihre Handlungspflicht. (Zur daraus resultierenden Amtshaftungsproblematik siehe oben Kapitel D.4.).

Weitere Vorschläge für einen Hochwasserschutz wurden nicht umgesetzt. In einer vom Bundesministerium eingeholten Stellungnahme wird auf eine Änderung des § 24 WRG hingewiesen.[190] Dieser Paragraph besagt, dass der Wasserberechtigte den Wasserspiegel absenken muss, wenn dieser über die festgesetzte Stauhöhe wächst. Vorgeschlagen wurde eine Änderung in der Hinsicht, dass bei Wetterprognosen, die starke Regenfälle ankündigen, nicht bis zum Erreichen der festgesetzten Stauhöhe zugewartet werden muss, damit der Wasserberechtigte die notwendigen Vorkehrungen, um den Wasserabfluss zu fördern, treffen kann, sondern dass er bereits zu einem früheren Zeitpunkt solche Maßnahmen einleiten kann, um einem (schwereren) Hochwasserschaden vorzubeugen, ohne sich dabei in Gefahr zu begeben, rechtswidrig gehandelt zu haben.[191] Abs. 2 gibt der Bezirksverwaltungsbehörde die Ermächtigung, bei Säumigkeit des Kraftwerkbetreibers diese Handlungen selbst vorzunehmen. Erstens entspricht eine Ermächtigung nicht einer Verpflichtung, welche allerdings notwendig wäre. Zweitens bleibt das Problem bezüglich des Zeitpunktes der Vorkehrung weiterhin bestehen, da dieser Zeitpunkt an Abs. 1 anknüpft. Diese Befugnis ist unzureichend, wenn es um präventive Vorgehensweisen geht.[192] Doch derartige Änderungen fanden auch durch die Novelle nicht Eingang ins WRG.

---

189 Vgl. *Konzett*, (2007, 48.
190 Vgl. *Kerschner/Wagner*, Stellungnahme.
191 Vgl. Ebd.
192 Vgl. Ebd.

8. Koordinationsverpflichtung mit der Wasserrahmenrichtlinie

Eine Verpflichtung zur Koordination beinhaltet die Richtlinie in Zusammenhang mit der Wasserrahmenrichtlinie:

Die letzte größere Novelle des Wasserrechtsgesetz erfolgte im Jahr 2003.[193] Mit dieser Novelle wurde die EG-Wasserrahmenrichtlinie in nationales Recht umgesetzt, wodurch dem Prinzip der Nachhaltigkeit, den Grundsätzen der Vorbeugung und Vorsorge und dem Verursacherprinzip im Wasserrecht eine bedeutende Rolle zukommt. Durch die Wasserrahmenrichtlinie wurden bestimmte Umweltziele eingeführt, die überblicksmäßig mit "Gewässerreinhaltung" und "Gewässerschutz" beschrieben werden können. Im Katastrophenfall sind gemäß § 30f WRG Abweichungen von diesen Zielen erlaubt. Die Umsetzung der Hochwasserrichtlinie sollte in Koordination mit den Bestimmungen aus der Umsetzung der Wasserrahmenrichtlinie geschehen. Die Maßnahmen, die zum Schutz vor dem Wasser ergriffen werden, dürfen die Ziele der Wasserrahmenrichtlinie, die vor allem den Schutz des Wassers vorsieht, nicht beeinträchtigt werden.[194] Auch die Umsetzung der Wasserrahmenrichtlinie, die Nationalen Gewässerbewirtschaftungspläne, werden regelmäßig überprüft. § 55l Abs. 8 WRG sieht die Möglichkeit vor, die Überprüfungen von Hochwassermanagementplänen und von Nationalen Gewässerbewirtschaftungsplänen zusammenzulegen. Der Verpflichtung zur Einbindung der Maßnahmen der Hochwasserrichtlinie in das WRG wurde dennoch nicht vollständig nachgekommen. Eine weitere Überprüfungsmöglichkeit bezüglich Gewässern sieht das WRG nämlich vor. Durch die Novelle wurde die Gewässerbeschau aus § 135 WRG nicht ausdrücklich in diese Gewässermaßnahmen eingebunden, aber auch nicht gelöscht. Vielmehr besteht diese Verpflichtung zusätzlich zu den neu eingeführten Hochwasserrisikomanagementplänen bzw. wurden diese nicht eingegliedert. Allerdings ist das von einem praktischen Ansatz aus nicht negativ zu bewerten. Damit ist zumindest sichergestellt, dass Gebiete, die häufig von Überschwemmungen betroffen sind, immer neu beobachtet werden, wodurch sich eine Weiterleitung an die für Hochwasserrisikomanagementplänen zuständigen Stellen ergeben könnte. Da die Hochwasserrisikomanagementpläne aber alle sechs Jahre sowieso überprüft und bei Bedarf aktualisiert werden müssen, entsteht ein Zusatzaufwand, der bei entsprechender Koordination gemindert werden könnte.

---

193 Vgl. 82. Bundesgesetz vom 29. August 2003 betreffend die Änderung des Wasserrechtsgesetzes 1959 und des Wasserbautenförderungsgesetzes 1985 sowie Aufhebung des Hydrografiegesetzes (NR: GP XXII RV 121 AB 166 S. 27. BR: AB 6842 S. 700.).

194 Vgl. *Hofko/Kahl* in *Rath-Kathrein/Weber*, Besonderes Verwaltungsrecht[7] (2011), 128.

9. Weitere Kritik

Ein weiterer Kritikpunkt an der Novelle besteht hinsichtlich des Altbestandes. Der Umgang mit diesem ist ungeklärt: Durch die genauere Erfassung von Hochwasserrisikogebieten können nun Gebiete riskanter eingestuft sein als früher. Die Befassung mit dem Altbestand, also solchen Gebäuden, die in einem nun auszuweisenden Gebiet mit signifikantem Hochwasserrisiko liegen, ist nicht zureichend geregelt.[195]

Eine andere auf Hochwasser anzuwendende Vorschrift bleibt durch die Novelle unverändert. Diese betrifft die Hilfeleistung in Notfällen nach § 49 WRG. Dieser Paragraph enthält die Verpflichtung aller in der Gemeinde befindlichen tauglichen Personen zum unentgeltlichen Verdienst im Falle von Notfällen, wozu auch Hochwasser gehören, und die Verpflichtung der jeweils Verfügungsberechtigten zur Bereitstellung der erforderlichen Mittel. Alle Barauslagen, die durch die Hilfe entstehen, werden allerdings rückerstattet.[196] Diese „allgemeine Bürgerverpflichtung [...] gilt nur für akute Gefährdungen, aber nicht für die Beseitigung von Überschwemmungsschäden."[197] So kommt der Bund seinen Kompetenzen zur Regelung des präventiven Hochwasserschutzes in dieser Bestimmung nach.

---

195 Vgl. *Oberleitner* in ZfV 2011/2, 19.
196 Vgl. § 49 Abs. 2 WRG.
197 *Konzett*, 2007, 53.

E. Fazit:

„Hochwasserschutz – trotz Novelle nichts Neues?" - Auf diese Frage sollte mit der Diplomarbeit eine Antwort gefunden werden. Mit der Bearbeitung des Themas zeigte sich, dass es doch etwas Neues gibt: Die Verankerung eines Informationswerkzeuges durch die Erstellung von aufeinander aufbauenden Plänen und Maßnahmen. Die vollständige, praktische Umsetzung der Richtlinie soll bis zum Jahr 2015 "ein zuverlässiges Informationswerkzeug sowohl für die Festlegung von Maßnahmenprioritäten als auch für technische und finanzielle Entscheidungen im Bereich der Hochwasserrisikomanagements"[198] beinhalten. Dennoch bleibt Kritik bestehen. „Die Richtlinie 2007/60/EG beschränkt sich dabei weitestgehend auf prozedurale Instrumente und hochabstrakt gehaltene Schutzvorstellungen."[199] Durch die beinahe wortwörtliche Umsetzung der Richtlinie ins innerstaatliche Recht kann der vorhin genannte aussagekräftige Kritikpunkt auch für die WRG-Novelle ähnlich übernommen werden. Seit der WRG-Novelle 2003 sind also vermehrt planungsrechtliche Instrumente im Wasserrecht vorgesehen, wogegen zuvor die Schutzzwecke durch ordnungsrechtliche Instrumente wie Bewilligungsvorbehalte oder die Vorschreibung nachträglicher Auflagen die Schutzzwecke erreicht werden sollten.[200] Nach einer Meinung in der Literatur stellt es außerdem einen sehr großen Unterschied dar, „ob z. B. aktionistisch nach großen Schadenereignissen Hochwasseraktionspläne erstellt werden, die von der aktuellen Gefährdungslage ausgehen und nur mittlere Hochwasserereignisse berücksichtigen oder auf der Basis einer Gefahren- und Risikokartierung in einem langfristigen Prozess Managementpläne entstehen, die auch die großen Hochwasserereignisse mitdenken, sodass sie eben nicht mehr überraschend über die Bürger hereinbrechen."[201] Auch wenn durch die Umsetzung der Richtlinie nun diverse Hochwasserpläne entstehen, haben Ereignisse ab einer Wiederkehrwahrscheinlichkeit von 100 Jahren eben *nur Eingang* in diese Pläne gefunden. Es wurde natürlich ein Fortschritt gemacht, indem man auch Hochwässer mit einer niedrigeren Wiederkehrwahrscheinlichkeit in der Planung berücksichtigt, aber die in der Wissenschaft schon lange bestehenden Vorschläge, die die Miteinbeziehung von Hochwässern zumindest in einem differenzierten Schutzsystem verankert sehen, wurden nicht übernommen. Zusätzlich bleibt natürlich die Grundsituation bestehen, dass man trotz Ausweisung einer entsprechenden Wiederkehrwahrscheinlichkeit anhand einer Statistik nicht die natürlichen Vorkommnisse

---

198 *Vogl, 2011*, 125.
199 *Reinhardt*, 2008, 468.
200 Vgl. *Kerschner/Wagner/Weiß*, 2004, 127.
201 *Wagner K.*, 2008, 779.

tatsächlich vorhersehen kann. Die Natur bleibt weiterhin an ihre eigenen Gesetzlichkeiten gebunden und richtet sich nicht nach einer Statistik. Dies zeigt vor allem das häufige Auftreten von Hochwässern niedriger Wahrscheinlichkeit im letzten Jahrzehnt.

Dabei soll den Plänen aber nicht ihre Sinnhaftigkeit abgesprochen werden. Durch die mit der Novelle eingeführte konkretere Erfassung von Hochwassergefahrengebieten können Gefahrensituationen nun prinzipiell besser erkannt werden. Ein weiterer Vorteil ist, dass durch die Ausdehnung der Kartenerstellung auf die Erfassung von Elementarereignissen betroffene Anwohner als auch der Katastrophenschutz deutlich an Planungssicherheit gewinnen, da nun die flächenmäßige Ausdehnung von möglichen Katastrophengebieten in ausreichender Näherung bekannt ist.[202] Natürlich sind derartige Grundlagen wichtig und waren wünschenswert und notwendig. Zu hinterfragen bleibt, ob bspw. die Auflagen, die die Wasserrechtsbehörde anhand des WRG erteilen darf, ausreichend sind, um Hochwässern und Hochwasserschäden vorzubeugen. Dabei es geht zusätzlich um Rechte und Pflichten, die in Folge genauerer Erfassung von Hochwasserrisikozonen ableitbar wären. In diesem Punkt hat die Novelle nichts Neues bzw. nichts Grifffestes gebracht. Auch der Siedlungsdruck auf Gewässer wird nicht zwingend mit Erstellung dieser Pläne verhindert.[203] Wenn man diese Auslegung des Art 2 EMRK im Hinterkopf behält, ist es auffällig, dass die im WRG vorgesehene Hochwasservorsorge hauptsächlich auf der privaten Initiative von Betroffenen beruht. Die Regelungen, anhand denen der Staat im Hinblick auf aktive Hochwasservorsorge Regelungen trifft, wurden im Zuge der Novelle kaum inhaltlich überarbeitet. Maßnahmen zum passiven Hochwasserschutz wurden auch nur minimal eingeführt. Zwar hat der Staat nun Aufgaben, die ihm durch die Umsetzung der Hochwasserrichtlinie zukommen, zu erfüllen. Inwieweit mit diesen dann dem vor allem passiven Hochwasserschutz Rechnung getragen wird, bleibt im Zuge dieser Novelle der Praxis überlassen. Zusätzlich wäre nämlich eine normative Grundlage für aus den Planungen resultierende Rechte und Pflichten notwendig. Die umzusetzende Richtlinie stellte nur einen Rahmen für die Planungen dar. Die Richtlinie kann aufgrund ihrer rechtlichen Ausgestaltung nicht tiefer in die inneren Angelegenheiten eingreifen, daher schreibt sie den Mitgliedsstaaten auch nichts Entsprechendes vor. Es lag also an den Mitgliedsstaaten, diese Richtlinie effektiv umzusetzen und Energien in die Planung eines umfassenden Hochwasserschutzsystems zu investieren. „Es liegt in der Natur der Sache, dass es unmöglich ist, durch noch so harte und gute Arbeit alle möglichen Risiken im Bereich der Naturgefahren

---

202 *Wagner K.*, 2008, 777.
203 Vgl. *Oberleitner* in ZfV 2011/2.

auszuschließen. Von entscheidender Bedeutung ist es allerdings, in Richtung Prävention, Risikoabschätzung, Risikomanagement und Risikofolgen alles zu tun, um Folgen von Naturereignissen wenigstens zu verringern."[204] Wie die Arbeit zeigt, wurde mit der Novelle ein gutes Dokumentations- und Informationssystem erstellt, die relevanten normativen Regelungen fehlen jedoch.

Zwischenzeitlich kam die Vermutung auf, dass sich die neuen Bestimmungen vom Gesetzesentwurf bis zur Novelle aufgrund verschiedenster Stellungnahmen verändert haben. Mit detaillierter Erarbeitung dieses Themas wurde jedoch klar, dass viele Stellungnahmen nicht ernst genommen wurden, was die Befürchtung wahr werden ließ, dass relevante, unbedingt zu regelnde Aspekte des Hochwasserschutzes auf der Strecke blieben. Auch durch die Novelle des WRG wurde nun kein gesamtheitlicher Hochwasserschutz erstellt, obwohl die Hochwasserrichtlinie durchaus die Gelegenheit geboten hätte, diesen entsprechend zu regeln. Natürlich ist nicht zu vergessen, dass es insgesamt leichter ist, zu kritisieren als solche Regelungen im Durcheinander verschiedener Interessen und im Hinblick auf mögliche Unklarheiten in den zukünftigen Interpretationen in der Rechtsanwendung zu erstellen. Dennoch ist Kritik wünschenswert, um Fortschritte zu erzielen und aktuelle Regelungen zu verbessern. In diesem Fall ist Kritik angebracht und nicht verfehlt, denn durch die Hochwasserrichtlinie wurde den Mitgliedsstaaten die Chance zur Erstellung eines umfassenden Hochwasserschutzkonzeptes gegeben. Diese Chance wurde leider nur im notwendigsten Ausmaß genützt und somit wird sich auch die Effektivität dieses „Managements" erst in der Praxis beweisen.

Trotz theoretischer Aufarbeitung der WRG-Novelle führt die Auseinandersetzung mit dem Thema Hochwasserschutz des WRG nicht zu einer umfassenden und vor allem befriedigende Lösung in Belangen des Hochwasserschutzes, da die Novelle wieder vieles ungeklärt lässt. Nach dem WRG-Kommentar ermöglicht die „Mehrdeutigkeit und Unschärfe vieler Textstellen [...] zudem nie ganz vermeidbare subjektive Rechtsauffassungen unterschiedlicher Rechtsanwender."[205] Die Diplomarbeit soll vielmehr einen weiteren Beitrag zur Diskussion der Fähigkeit des Wasserrechtsgesetzes zur Handhabe der immer häufiger eintretenden aber schon seit jeher aktuellen Gefahren des Hochwasserauftretens leisten. Es ist wichtig festzuhalten, dass Gesetze nichts Endgültiges sind. Auch wenn diese Chance nicht vollständig genützt wurde,

---

204 *Habersack/Moser*, 2003, Vorwort.
205 *Oberleitner/Berger*, WRG³ (2011) Vorwort.

kann ein neuer Anlauf bzw. muss ein neuer Anlauf genommen werden, um diese Problematik umfassend zu regeln. Wichtig zu beachten ist, dass Naturkatastrophen nicht vollständig vorhersehbar sind. Vorbeugende Steuerung und Schutzmaßnahmen sind unbedingt erforderlich und normativ festzuhalten! Dabei ist auf eine Dynamik zu verweisen: Das Problembewusstsein nimmt mehr und mehr ab, je größer der zeitliche Abstand zur Hochwasserkatastrophe wird.[206] Dankbar, dass die letzte Hochwasserkatastrophe schon wenige Jahre zurückliegt, muss dennoch unter Bezugnahme auf das allgemein anerkannte Prinzip, dass Vorsorge besser als Nachsorge ist, auf die Notwendigkeit hingewiesen werden, bald eine ausreichende Regelung zu erlassen, denn die nächste Hochwasserkatastrophe wird nicht auf sich warten lassen.

---

206 Vgl. *Habersack/Bürgel,Kanonier*, 2009, 152, ähnlich sog. „windows of opportunity".

Literaturverzeichnis

AEUV, KONSOLIDIERTE FASSUNG DES VERTRAGS ÜBER DIE ARBEITSWEISE DER EUROPÄISCHEN UNION, Amtsblatt der Europäischen Union C 83/47, 2010.

Albrecht, Juliane/ Wendler, Wiebke: Koordinierte Anwendung von Wasserrahmenrichtlinie und Hochwasserrisikomanagementrichtlinie im Kontext des Planungsprozesses, in: Natur und Recht, Volume 31/2009, Number 9, 608-618.

Baumgartner, Gerhard (2010): Wasserrecht, in: Bachmann (Hrsg), Besonderes Verwaltungsrecht, Springer Verlag, Wien, 233-276.

Bericht des Rechnungshofes, GZ 860.115/002–1B1/11, Reihe BUND 2011/3, URL: http://www.parlament.gv.at/PAKT/VHG/XXIV/III/III_00220/imfname_209407.pdf, Abrufdatum: 24.01.2012.

Bericht des Umweltausschusses über den Beschluss des Nationalrates vom 1. März 2011 betreffend ein Bundesgesetz, mit dem das Wasserrechtsgesetz 1959 geändert wird, 2011, URL: http://www.parlament.gv.at/PAKT/VHG/BR/I-BR/I-BR_08461/fnameorig_209156.html, Abrufdatum: 20.12.2011.

Bußjäger, Peter (2003): Katastrophenprävention und Katastrophenbekämpfung im Bundesstaat, Institut für Föderalismus – Schriftenreihe, Bd 89, Wien 2003.

Einladung des Lebensministeriums: Die EU-Hochwasserrichtlinie Ergebnisse der vorläufigen Bewertung des Hochwasserrisikos in Österreich, 2011, URL: http://www.wasseraktiv.at/resources/files/1483/hochwasserrisiko.pdf, Abrufdatum: 20.12.2011.

Erläuterungen zum Gesetzesentwurf, Ministerratsbeschluss vom 14.12.2010 – Vorläufige inoffizielle Fassung.

EU-Grundrechtecharta, CHARTA DER GRUNDRECHTE DER EUROPÄISCHEN UNION (2000/C 364/01).

EU-Vertrag, KONSOLIDIERTE FASSUNG DES VERTRAGS ÜBER DIE EUROPÄISCHE UNION, Amtsblatt der Europäischen Union C 83/15, 2010.

Fachverband Maschinen und Metallwaren Industrie (o.J.): EU-Hochwasserrichtlinie - Ergebnisse der vorläufigen Bewertung des Hochwasserrisikos in Österreich, URL: http://www.fmmi.at/rahmenbedingungen/umwelt-energie/wasser/, Abrufdatum: 10.01.2012.

Formayer, Herbert/Kromp-Kolb, Helga (2009): Hochwasser & Klimawandel. Auswirkungen des Klimawandels auf Hochwasserereignisse in Österreich, URL: http://www.boku.ac.at/met/klima/berichte/Hochwasser_WWF.pdf, Abrufdatum: 22.12.2011.

Habersack, Helmut/Moser, Andrea (2002): Plattform Hochwasser, Ereignisdokumentation Hochwasser August 2002, URL: http://zenar.boku.ac.at/PDF-Files/Hochwasser_2002_Gesamt.PDF, Abrufdatum: 18.12.2011.

Habersack, Helmut/Bürgel, Jochen/Petraschek, Armin(2004): Analyse der Hochwasserereignisse vom August 2002 – FloodRisk, Synthesebericht, Bundesministerium für Land- und Forstwirtschaft, Umwelt und Wasserwirtschaft (Hrsg), Wien 2004.

Habersack, Helmut/Bürgel, Jochen/Kanonier, Arthur (2009): FloodRisk II. Vertiefung und Vernetzung zukunftsweisender Umsetzungsstrategien zum integrierten Hochwassermanagement, Synthesebericht, Bundesministerium für Land- und Forstwirtschaft, Umwelt und Wasserwirtschaft (Hrsg), Wien 2009.

Habersack, Helmut (2010): Stellungnahme zum Begutachtungsentwurf BMLFUWUW. 4.1.2/0019-I/4/2010, URL: http://www.parlament.gv.at/PAKT/VHG/XXIV/ME/ME_00173_12/imfname_193039.pdf, Abrufdatum: 04.01.2012.

Hofko/Kahl: Wasserrechtsgesetz, in: Besonderes Verwaltungsrecht[7], Rath-Kathrein/Weber (Hrsg), Innsbruck 2011, 125-154.

Kerschner, Ferdinand (2008): Haftung bei Naturkatastrophen, in: Kerschner (Hrsg), RdU 2008, Bd 24, 203-312.

Kerschner, Ferdinand (2011): Aktuelles zum Umweltprivatrecht, in: Kerschner (Hrsg), RdU 2011, 53-65.

Kerschner, Ferdinand/Wagner, Erika: Stellungnahme zum Ministerialentwurf betreffend die WRG-Novelle 2010 (Begutachtungsentwurf BMLFUW-UW 4.1.2./0019-I/4/2010), 2010, URL: http://www.parlament.gv.at/PAKT/VHG/XXIV/ME/ME_00173_23/fnameorig_193099.html, Abrufdatum: 04.01.2012.

Kerschner, Ferdinand/Wagner, Erika/Weiß, Rainer: Umweltrecht für Gemeinden, RFG, Schriftenreihe des Österreichischen Gemeindebundes 2004,4.

Konzett, Ernst (2007): Rechtsfragen des Hochwasserschutzes, Dissertation, Kreith 2007.

Lebensministerium, Flusseinzugsgebiet und Flussgebietseinheit, 2011, URL:http://www.lebensministerium.at/wasser/wasser-oesterreich/plan_gewaesser_ngp/umsetzung_wasserrahmenrichtlinie/feg_fge.html, Abrufdatum: 24.01.2012.

Mayer, Heinz (2002): Amtshaftung für Hochwasserschäden? Ecolex 2002, 796.

Müller, Uwe (Hrsg.): EG-Hochwasserrisikomanagementrichtlinie, in: Hochwasserrisikomanagement, Theorie und Praxis, Wiesbaden 2010, 49-56.

Oberleitner, Franz: Rechtliche Aspekte der Gewässerbewirtschaftung in Österreich, ZfV 2011/2.

Oberleitner, Franz/Berger, Wolfgang: Kommentar zum Wasserrechtsgesetz, 3. Auflage, 2011.

o.A. (2008): Positive Verpflichtungen des Staates bei Naturkatastrophen, Budayeva u. a. gegen Russland, Newsletter Menschenrechte 2008/2, 73-77, URL: http://www.menschenrechte.ac.at/docs/08_2/08_2_03, Abrufdatum: 28.12.2011.

Parlamentskorrespondenz Nr. 165 vom 23.02.2011, URL: http://www.parlament.gv.at/PAKT/PR/JAHR_2011/PK0165/, Abrufdatum: 05.02.2012.

Reinhardt, Michael: Der neue europäische Hochwasserschutz, in: Natur und Recht, Volume 30/2008, Number 7, 468-473.

Richtlinie 2000/60/EG des Europäischen Parlaments und des Rates vom 23. Oktober 2000 zur Schaffung eines Ordnungsrahmens für Maßnahmen der Gemeinschaft im Bereich der Wasserpolitik, Amtsblatt Nr. L 327.

RICHTLINIE 2007/60/EG DES EUROPÄISCHEN PARLAMENTS UND DES RATES vom 23. Oktober 2007 über die Bewertung und das Management von Hochwasserrisiken, Amtsblatt der Europäischen Union L 288/27.

Schweitzer/Hummer/Obwexer (2007): Europarecht: Das Recht der Europäischen Union, Manz Verlag, Wien 2007.

Sinabell,Franz/Url, Thomas: Effizientes Risikom anagement für Naturgefahrenam Beispiel von Hochwasser, in: Monatsberichte 6/2007, 537-547, URL:http://www.wifo.ac.at/wwa/downloadController/displayDbDoc.htm? item=MB_2007_06_05_RISIKOMANAGEMENT$.PDF, Abrufdatum: 29.01.2012.

Vogl, Charlotte: Wasserrechtsgesetznovelle 2011. Unionsrechtliche Vorgaben und die nationale Forderung nach weniger Behörde, in: RdU 2011/04, 125-130.

Vorschlag für eine RICHTLINIE DES EUROPÄISCHEN PARLAMENTS UND DES RATES über die Bewertung und Bekämpfung von Hochwasser, 2006/0005 (COD), Brüssel, den 18.01.2006.

Wagner, Erika (2007): Vorsorge – Planung und Genehmigung, in: Institut für Umweltrecht/ÖWAV [Hrsg], Jahrbuch des österreichischen und europäischen Umweltrechts 2007, 101-123.

Wagner, Erika (2008): Katastrophenprävention: Optionen de lege lata und de lege ferenda, in: Kerschner (Hrsg), RdU 2008, Bd 24, 11-86.

Wagner, Klaus: Der Risikoansatz in der europäischen Hochwassermanagementrichtlinie, in: Natur und Recht, Volume 30/2008, Number 11, 774-779.

Weber, Karl (o.J.): Auswirkungen der EU-Hochwasserrichtlinie auf die österreichischen Materiengesetze – Grundsätze, Gefährdungsbereiche und Gefahrenzonen aus rechtlicher Sicht, URL:http://www.umweltbundesamt.at/fileadmin/site/umweltthemen/klima/FloodRisk/fr2_pr aesentationen/FRII_Recht_EU-HWRL_Weber.pdf, Abrufdatum: 20.12.2011.

Weiß, Rainer (2008): Abwehr und Bekämpfung von Naturkatastrophen, in: Kerschner (Hrsg), RdU 2008, Bd 24, 87-202.

82. Bundesgesetz vom 29. August 2003 betreffend die Änderung des Wasserrechtsgesetzes 1959 und des Wasserbautenförderungsgesetzes 1985 sowie Aufhebung des Hydrografiegesetzes (NR: GP XXII RV 121 AB 166 S. 27. BR: AB 6842 S. 700.).

Die Autorin

Mag. Christina F. Weiss, BA, wurde 1989 in Villach geboren und schloss die Studien der Rechtswissenschaften und der Politikwissenschaften in Linz und Innsbruck erfolgreich ab. Bereits während des Studiums legte sie ihren Schwerpunkt auf das Umweltrecht. In diesem Bereich verfasste sie Themenabhandlungen wie ‚Bewirken Mautsysteme mehr als Mauteinnahmen?', in: Fokus EU: Ziele und Trends bis 2020, Verlag Aristokles Society, Innsbruck, 2011. Fasziniert von Mensch-Umwelt-Beziehungen in politischer wie in rechtlicher Hinsicht widmete sie sich der Thematik des vorliegenden Buches.